Franz B. Wember

Besser lesen mit System

Jubiläumsjahr 1999
Von Profi zu Profi. Seit 75 Jahren

Franz B. Wember

Besser lesen mit System

Ein Rahmenkonzept zur individuellen Förderung bei Lernschwierigkeiten

Luchterhand

Die Deutsche Bibliothek - CIP-Einheitsaufnahme

Besser lesen mit System : ein Rahmenkonzept zur individuellen Förderung bei Lernschwierigkeiten / Franz B. Wember. – Neuwied ; Berlin : Luchterhand, 1999
ISBN 3-472-03658-3

Satz und Umschlaggestaltung: Wiesjahn Satz- und Druckservice, Berlin
Papier: Permaplan von Arjo Wiggins Spezialpapiere, Ettlingen
Druck, Bindung: H. Heenemann GmbH & Co, Berlin
Printed in Germany, September 1999

∞ Gedruckt auf säurefreiem, alterungsbeständigem und chlorfreiem Papier

Inhalt

Vorwort

Demokratische Gesellschaften brauchen Bürgerinnen und Bürger, die lesen und schreiben können, denn freie und geheime Wahlen sind ohne schriftsprachliche Basisfertigkeiten nicht oder nur sehr schwer durchzuführen. In jedem Fall ist der freizügige Austausch und die öffentliche Diskussion von Informationen aller Art, ein Kennzeichen funktionierender Demokratien, ohne eine schriftsprachliche Kultur nicht denkbar. Nationaler wie internationaler Handel und eine arbeitsteilig organisierte Industrie bedürfen nicht minder einer weitestgehenden Alphabetisierung der Bevölkerung, denn ohne schriftsprachliche Verständigung lassen sich komplexe Prozesse der Produktion und Distribution von Gütern und Dienstleistungen nicht mehr gewährleisten. Schließlich und endlich dient das Lesen und Schreiben auch der Entfaltung und persönlichen Entwicklung des Individuums. »Wer schreibt, der bleibt«, sagt ein altes Sprichwort, weil der flüchtige Gedanke in geschriebener Form dauerhaft Gestalt annimmt, und das Lesen dient nicht nur der Übermittlung sachlicher Information im professionellen und im öffentlichen Bereich. Wer erinnert sich nicht gerne seiner ersten Liebesbriefe, und für viele Menschen gehört ein gutes Buch einfach zu Urlaub und Erholung. Als noch niemand an Film und Foto, geschweige denn an Cyberspace und Internet gedacht hat, brachten die geschriebenen Berichte der Weitgereisten ferne Welten in viele Wohnstuben, Tageszeitungen und Wochenschriften informierten über aktuelle Ereignisse, Romane und Erzählungen regten die Phantasie an.

Offensichtlich ist die Schriftsprache ein konstituierendes Moment unserer Kultur, und so darf es nicht verwundern, dass in der Vermittlung schriftsprachlicher Kenntnisse von jeher eine zentrale Aufgabe der Schule gesehen wurde. Diese Vermittlung will jedoch nicht immer und bei allen Kindern problemlos gelingen. Wenn über Leseversagen und Lese-rechtschreibschwierigkeiten geschrieben und gesprochen wird, nimmt man fast immer Probleme des Erstleselehrgangs in den Blick, weil bei vielen Kindern diese erste Phase des Lernprozesses nicht oder nicht ausreichend gelingt: Die Kinder erlernen nicht das Umsetzen geschriebener grafischer Zeichen in eine Abfolge von gesprochenen Lauten. Das vorliegende Buch setzt jedoch nicht beim Erstlesen an, sondern beim weiterführenden Lesen; denn wenn ein Kind den Erstleselehrgang mehr oder minder erfolgreich absolviert hat, ist die Aufgabe der Schule noch nicht geschafft. Nun muss das Kind die neu erworbene Kulturtechnik immer wieder üben und in den verschiedensten Situationen anwenden, damit das Lesen als elementare Technik der Informationsbeschaffung und Informationsverarbeitung mit der Zeit mühelos und mit großer Sicherheit durchgeführt und bei der Lösung alltäglicher Probleme wirksam eingesetzt werden kann.

Das vorliegende Buch führt praxisnah in ein Rahmenkonzept ein, das zur täglichen, systematischen und intensiven Übung des flüssigen und sinnerfassenden Lesens auffordert. Das Konzept ist für den Gebrauch an Regel- und an Sonderschulen gedacht, kann jedoch auch bei der schulbegleitenden Förderung von Kindern mit Lernschwierigkeiten eingesetzt werden. Es richtet sich zunächst an professionell ausgebildete Lehrerinnen und Lehrer, kann jedoch auch von Studierenden oder von den Eltern betroffener Kinder und Jugendlicher durchgeführt werden. Es wäre sogar den Versuch wert, gut lesende Schülerinnen und Schüler höherer Klassen als Tutoren für jüngere Kinder mit Leseschwierigkeiten einzusetzen. In jedem Fall soll das in diesem Buch entwickelte Rahmenkonzept dazu anhalten, das Lesen nicht gelegentlich, irgendwann und irgendwie zu üben, sondern täglich, individuell auf die Lernbedürfnisse der einzelnen Kinder abgestimmt und auf eine ganz bestimmte Art und Weise – deshalb »Besser lesen mit System.«

Das hier entwickelte Rahmenprogramm beruht auf den praktischen Erfahrungen meiner Tätigkeit als Lehrer an Sonderschulen für Lernbehinderte und auf fachlichen Studien, die ich vor etlichen Jahren an der University of Washington begonnen habe. Damals erprobte Thomas C. Lovitt ein Programm namens „Skip and Drill", bei dem Kinder für schnelles und fehlerfreies Lesen belohnt wurden, indem man ihnen gestattete, ab einer bestimmten Leseleistung zum nächsten Lesetext zu wechseln, oft genug selbst dann, wenn der erste Text noch gar nicht zu Ende gelesen worden war. Einerseits missfiel mir, dass Texte ausschließlich als Rohmaterial für Leseübungen benutzt und nicht als Lektüre wertgeschätzt wurden, andererseits konnte ich am Lernfortschritt einzelner Schülerinnen und Schüler ablesen, wie viel Material Kinder im Einzelunterricht lesen konnten, nämlich viel mehr als im gewöhnlichen Klassenunterricht. Über die Wochen und Monate konnten die meisten Kinder ihre Leseleistungen erheblich verbessern. Später habe ich Varianten des Programms im Unterricht an Sonderschulen für Lernbehinderte ausprobieren und unter dem Namen »Übung macht den Meister« weiterentwickeln können – ein Name, den ich in Gesprächen mit Kindern noch heute gerne benutze, weil er den Kindern zeigt, worum es eigentlich geht. Inzwischen liegen auch etliche Studienabschlussarbeiten vor, in denen ehemalige Studentinnen und Studenten der FernUniversität Hagen und der Universität Dortmund im Rahmen von explorativen Fallstudien über ihre Praxisversuche berichten. Das vorliegende Buch wird auch einige der dort angestellten Überlegungen zusammenfassen und über die systematische Förderung des weiterführenden Lesens in Theorie und Praxis berichten:

- Im ersten Kapitel wird ein einfaches Modell des Leseprozesses vorgestellt, das erlaubt, das hier zu entwickelnde Übungskonzept zu begründen und theoretisch einzuordnen.
- Im zweiten Kapitel wird eine diagnostische Vorgehensweise erläutert, bei der lesepädagogisch wichtige Textmerkmale analysiert werden, um Texte ausfindig machen zu können, die an die jeweiligen Lernvoraussetzungen der individuellen Schülerinnen und Schüler möglichst gut angepasst sind.
- Im dritten Kapitel wird gezeigt, wie sich die tägliche intensive Übung des weiterführenden Lesens wirksam organisieren lässt und wie praxisbegleitend Leseleistungsdaten erhoben werden können, die eine kritische Beurteilung der individuellen Lernfortschritte erlauben.
- Im vierten Kapitel werden praktische Erfahrungen aus exemplarischen Förderversuchen vorgestellt, welche die Vorgehensweise an Fallbeispielen verdeutlichen und zeigen, welche Erfolge erwartet werden können und an welchen Stellen Vorsicht geboten ist.
- Im fünften Kapitel werden Variationen und Modifikationen des Rahmenprogramm erläutert und alternative bzw. zusätzliche Interventionsmaßnahmen vorgestellt, die eine Anpassung des Förderprogramms an die jeweiligen schulischen Bedingungen und an den besonderen und jeweils individuellen Förderbedarf der Lernenden erlauben.

Das Buch speist sich, wie gesagt, aus mehreren Quellen. Das Fallbeispiel zur Diagnostik im zweiten Kapitel stammt aus einem studentischen Abschlussbericht über schulpraktische Studien von Thorsten VOSSHAGE, das Fallbeispiel zur Intervention im dritten Kapitel aus einer Staatsarbeit von Christel LIPPOLD-HÄCKER. Das vierte Kapitel hat Stephanie KRONENBITTER beigetragen, es geht auf ihre Staatsarbeit aus dem Jahre 1998 zurück. Annette DIERKS und Elke MEERMEIER haben in einem ersten Feldversuch Kinder in Einzelunterricht gefördert und anschließend ihre Erfahrungen zu Papier gebracht. Sie werden im fünften Kapitel ebenso dargestellt wie Ergebnisse und Vorschläge aus explorativen Fallstudien von Gisela AUST, Ute HERTING, Ulrike MÖLLERS, Elisabeth OBERMAYR, Sonja SCHROER und Melanie STIER, die Dorothee WIESMANN und Janina BECKER zusammengetragen haben. Thorsten KEIL, Stephanie KRONENBITTER und Bianca SCHOTT haben sich um die meisten Abbildungen gekümmert, mit ihren Ideen wesentlich zum Anhang beigetragen und sich um die Gestaltung des Manuskriptes verdient gemacht. Allen sei Dank, nicht zuletzt für anregende Fachdiskussionen, wenngleich eventuelle Unklarheiten oder gar Fehler in der alleinigen Verantwortung des Autors liegen.

Dieses Buch wäre ohne den Zuspruch von Studierenden, Lehrenden und Lernenden vermutlich gar nicht geschrieben worden. Die Kinder haben durch ihre Leistungen immer wieder gezeigt, dass sich systematische Arbeit lohnt. Einige Studentinnen und Studenten an der Universität Dortmund haben mich wiederholt ermutigt, die hier zu entwickelnde Konzeption auszuarbeiten. Nicht zuletzt haben sich Lehrerinnen und Lehrer in Fortbildungsveranstaltungen interessiert gezeigt und mir empfohlen, praxisnahe Forschung fortzusetzen und bekanntzumachen. Zwei dieser Veranstaltungen wurden vom Regionalverband Dortmund im Verband Deutscher Sonderschulen durchgeführt, der sogar die Sachkosten für einen ersten Feldversuch übernommen hat. Ich danke dem Vorsitzenden Dr. Franz HENKEMEIER und allen Kolleginnen und Kollegen für die erfahrene Hilfe und Unterstützung.

Dortmund, im Juli 1999 *Franz B. Wember*

1 Der theoretische Hintergrund

Dem Lesenlernen, so werden unsere einleitenden Überlegungen in diesem Kapitel zeigen, kommt zentrale Bedeutung zu; denn ob ein Kind erfolgreich zu lesen lernt, entscheidet nicht nur weitgehend über Erfolg und Versagen in der Schule, sondern auch über die Möglichkeiten der beruflichen und gesellschaftlichen Integration nach Verlassen der Schule. Wenn wir deshalb das Lesenlernen von Kindern, zumal von solchen mit Lernschwierigkeiten, unterrichtlich wirksam unterstützen wollen, müssen wir uns zunächst ein möglichst einfaches, aber ausreichend detailliertes und in sich zusammenhängendes Bild davon machen, was Lesen eigentlich ist. Wir wollen zu diesem Zwecke in Kapitel 1.2 das geübte Lesen Erwachsener, das uns allen aus dem eigenen Erleben geläufig ist, psycholinguistisch betrachten. Wir werden dabei induktiv vorgehen und anschaulich und vom eigenen Erleben ausgehend argumentieren, um doch die drei Merkmale geübten Lesens zu erkennen, die auch die Leseforschung bestätigt: Selektivität, Interaktivität und Automatisierung. In Kapitel 1.3 werden wir das Lesen von Kindern, die sich im Lernprozess befinden, mit dem geübten Lesen Erwachsener vergleichen und ein einfaches Strukturmodell des Leseprozesses mit den vier Stufen Rekodieren, Dekodieren, Satzverstehen und Textverstehen entwerfen. In Kapitel 1.4 wird sich zeigen, dass das Lesenlernen eine langjährige, komplexe Entwicklungsaufgabe darstellt, deren Bewältigung sich grob in drei Phasen einteilen lässt: den Erstleselehrgang, das Weiterführende Lesen und das Angewandte Lesen. Das Rahmenprogramm »Besser lesen mit System« soll den Lernenden helfen, die Aufgabe der zweiten Phase erfolgreich zu meistern, indem die Ergebnisse des Erstleselehrgangs gesichert und die dritte Phase des Angewandten Lesens vorbereitet wird.

1.1 Die individuelle und gesellschaftliche Bedeutung des Lesens

Wer in Sonderschulen, Förderschulen oder Integrationsklassen vorrangig mit der Bildung und Erziehung von lernbeeinträchtigten Kindern befasst ist, weiss nicht erst seit den ausführlich dokumentierten und mittlerweile geradezu klassischen Untersuchungen zu Schulerfolg und Schulversagen von KEMMLER (1967, 1976) oder TOPSCH (1975), dass zuallererst die Leistungen im Lesen und in der Rechtschreibung über Wohl und Wehe einer schulischen Karriere entscheiden. Das ist nicht weiter verwunderlich; denn dem Lesen und Schreiben kommt innerhalb des schulischen Curriculums zentrale instrumentelle Bedeutung zu. Schließlich basieren die unterrichtlichen Arbeitsformen mit Ausnahme der musischen Fächer bei zunehmender Beschulungsdauer immer mehr auf schriftsprachlich dargebotener Information, die nicht selten mit schriftsprachlichen Mitteln zu bearbeiten ist. Es ist deswegen keinesfalls eine Übergeneralisierung, wenn man feststellt, dass die überwiegende Mehrheit der schulversagenden Kinder solche mit äußerst schwachen Lese- und Rechtschreibleistungen sind und dass im Zentrum schulischen Scheiterns fast immer ein Problem steht: Die Kinder konnten nicht genügend vom Lese- und Rechtschreibunterricht profitieren, weil sie mit unzureichenden Lernvoraussetzungen in den Lehrgang eintreten mussten und/oder weil es nicht gelungen ist, unterrichtliche Bedingungen zu schaffen, die auch diesen Kindern erfolgreiches Lesen- und Schreibenlernen ermöglicht hätten.

Das Problem des Leseversagens ist von großer gesellschaftlicher Relevanz. Einer klassischen Definition von GRAY (1956) zufolge kann eine Person nur dann als alphabetisiert gelten, wenn sie aufgrund ihrer Lese- und Schreibfähigkeiten in der Lage ist, erfolgreich und unauffällig an all jenen Aktivitäten des Alltags teilzunehmen, die normalerweise zu Alltag und Kultur ihrer Gruppe gehören und die alltagstypische Lese- und Schreibfähigkeiten voraussetzen. Legt man diese relative, kultur- und gesellschaftsspezifische Definition von funktionalem Analphabetismus an, verlassen auch zum Ausgang des 20. Jahrhunderts weltweit viel zu viele Jugendliche die Schule als funktionale Analphabeten, und dies nicht nur in den sog. Entwicklungsländern der Dritten Welt, sondern auch in den Ländern der nördlichen Erdhalbkugel, die sich als entwickelte Länder verstehen. Dies gilt gleichermaßen für Ost und West und unabhängig vom politischen System (DRECOLL, 1981): Viel zu viele Jugendliche beenden ihre langjährige Pflichtschulzeit mit oder ohne Abschluss, und ihre schriftsprachlichen Kenntnisse reichen trotz Teilnahme an einschlägigem Unterricht nicht aus, um die in ihrer Gesellschaft gestellten Anforderungen im Lesen und Schreiben erfolgreich bewältigen zu können. In den USA erreichen etwa 6 % der erwachsenen Bevölkerung nur die Leseleistung der 4. Klassenstufe, weitere 25 % nicht die durchschnittliche Leseleistung der 8. Klassenstufe (KLICPERA & GASTEIGER-KLICPERA, 1995, S. 221), für die Staaten der EU wird eine Rate von 5 bis 7 % Analphabeten geschätzt (BINDER, 1993, S. 29). In der Bundesrepublik Deutschland wird von 4 bis 7 % Analphabeten im weiteren Sinne ausgegangen, d. h., diese Menschen können zwar einzelne Worte, nicht aber fremde Texte, Formulare etc. lesen (SCHÖN, 1996, S. 41).

Erschrecken schon allein solche Zahlen, wird die Schwere der Problematik erst recht deutlich, wenn man sich klarmacht, wie wichtig erfolgreiches Lesen- und Schreibenkönnen ist – für den einzelnen wie für die Gesellschaft. Wer sich als funktionaler Analphabet auf den Arbeitsmarkt begibt, hat kaum Aussicht auf berufliche Integration und muss auch im privaten Bereich erhebliche Einschränkungen an Akzeptanz, Ansehen und Selbständigkeit in Kauf nehmen. Ökonomisch betrachtet entstehen zusätzliche gesamtgesellschaftliche Kosten, da ein grundlegender Ausbildungsstand in den schriftsprachlich vermittelten Kulturtechniken eine der notwendigen Voraussetzungen für wirtschaftliches Wachstum ist. Demokratische Gesellschaften funktionieren ohnehin nur bei weitestgehender Partizipation möglichst aller Bürgerinnen und Bürger und diese wiederum setzt Kenntnisse im Lesen und Schreiben voraus.

Offensichtlich hat Schule mit der aufgezeigten Problematik zu tun, denn sie ist genau die gesellschaftlich organisierte und finanzierte Institution, die eine grundlegende Bildung für alle vermitteln soll. Angesprochen sind hier alle Pflichtschulen im Primar- und Sekundarbereich, die Regelschule und die Sonderschulen. Die Grund- und Hauptschulen sollen eigentlich allen Schülerinnen und Schüler eine grundlegende Bildung und elementare Basisqualifikationen vermitteln, die eine berufliche und soziale Integration in die Gesellschaft möglich machen und zu persönlicher, sozialer und politischer Eigenständigkeit führen. Ohne funktionale Fertigkeiten im Lesen und Schreiben sind solche Ziele in einer demokratisch verfassten und arbeitsteilig organisierten Informations- und Industriegesellschaft kaum realisierbar. Den Sonderschulen obliegt die intensive Förderung besonders bedürftiger Schülerinnen und Schüler, aber auch diese gelingt nicht immer. Etwa 30 000 Jugendliche verlassen in unserem Land jährlich die allgemeinbildenden Schulen ohne ausreichende Schriftsprachkompetenz, und fast die Hälfte aller Schulabgänger ohne Hauptschulabschluss sind Sonderschüler, die meisten Entlassschüler der Schule für Lernbehinderte (KRETSCHMANN, LINDNER-ACHENBACH, PUFFARTH, MÖHLMANN & ACHENBACH, 1980, S. 14-16). Leseversagen ist, so müssen wir schließen, ein faktisches Problem, das wir in der vorliegenden Arbeit eingehender beleuchten wollen. Hier im Überblick, was Sie inhaltlich erwartet:

- Wir werden Verfahren der direkten Diagnostik und der direkten Intervention empfehlen, d. h., wir werden mangelhafte Leseleistungen nicht als Symptome irgendwelcher anderen Störungen auffassen, die zunächst zu beheben wären, sondern als unterrichtlich direkt anzugehende Probleme. Folglich werden wir uns nahezu ausschließlich mit dem Lesen, dem Lesenlernen und dem Leseunterricht befassen.

- Wer das Lesen direkt fördern will, muss wissen, was das überhaupt ist, Lesen. Deshalb werden wir in diesem ersten Kapitel das geübte Lesen Erwachsener psycholinguistisch analysieren und das Lesenlernen strukturell betrachten. Wir werden feststellen, dass das Lesenlernen solch eine komplexe und umfangreiche Aufgabe darstellt, dass wir es getrost als Entwicklungsaufgabe betrachten können, deren Erwerb sich in drei Phasen des Lernprozesses einteilen lässt. Jede dieser drei Phasen hält einen Aufgabenschwerpunkt bereit, der von den Lernenden bewältigt werden muss. »Besser lesen mit System« soll den Lernenden helfen, die Aufgabe der zweiten Phase erfolgreich zu meistern, indem die Ergebnisse der ersten Phase gesichert und die dritte Phase des Leselernprozesses vorbereitet wird.
- Eine gezielte und erfolgversprechende Leseförderung setzt voraus, dass das zu lesende Textmaterial möglichst genau an die individuellen Lernvoraussetzungen der Schülerinnen und Schüler angepasst wird. Wir werden im zweiten Kapitel zeigen, dass einer sorgfältigen Programmplazierung bei »Besser lesen mit System« besondere Bedeutung zukommt und dass die diagnostische Phase, die durchaus einige Tage in Anspruch nehmen kann, unterrichtsnah in Form von Probeunterricht durchgeführt wird.
- Der sorgfältigen Diagnose folge die gezielte Intervention! Im dritten Kapitel werden wir einige Rahmenbedingungen skizzieren, die sich nach unseren praktischen Erfahrungen bzw. in anderen wissenschaftlichen Untersuchungen als förderlich erwiesen haben, und wir wollen die praktische Vorgehensweise an einem konkreten Fallbeispiel verdeutlichen.
- Auch in der Pädagogik gibt es leider keine Allheilmittel, jedenfalls nicht, wenn sie seriös betrieben wird. In den Kapiteln 4 bis 6 wollen wir mehrere Förderversuche aus ersten Feldstudien vergleichend betrachten, um zu einigen Einschätzungen zu gelangen, was die pädagogischen Möglichkeiten, aber auch Grenzen der hier vorgeschlagenen Vorgehensweise anbelangt.

Soviel sei bereits verraten: Wir werden feststellen, dass »Besser lesen mit System« mit etwas Anstrengung in vielen Schulen, Fördergruppen oder Integrationsklassen realisiert werden kann, dass es sich individuell adaptieren lässt und durchaus Aussicht auf Erfolg verspricht. Das Programm eignet sich jedoch in der hier beschriebenen Form nur und ausschließlich zur Förderung des flüssigen und sinnentnehmenden Lesens nach erfolgreich absolviertem Erstleselehrgang. Es gibt also – Sie ahnten es gewiss schon, liebe Leserinnen und Leser – viele Probleme, die Ihnen im Unterricht begegnen, aber die wir in dieser Schrift leider nicht behandeln, geschweige denn lösen konnten ... Wenn Ihnen jedoch das systematische Üben des flüssigen und sinnentnehmenden Lesens im Anschluss an den Erstleselehrgang am Herzen liegt, werden Sie in dem vorliegenden Buch Vorschläge finden, mit denen Sie sich auseinandersetzen können. Noch besser wäre, Sie probieren einige Vorschläge aus!

1.2 Geübtes Lesen, psycholinguistisch betrachtet

Die Psycholingiustik ist, wie der zusammengesetzte Begriff selbst schon andeutet, das Grenzgebiet zwischen Psychologie und Linguistik, das sich mit den psychischen Prozessen befasst, die ablaufen, wenn Menschen Sprache benutzen. Psycholinguistische Fragen scheinen nicht besonders schwierig zu sein, schließlich benutzen wir Menschen doch tagtäglich und völlig selbstverständlich Sprache, aber bei genauerer Betrachtung zeigt sich, dass es eine Sache ist, Sprache erfolgreich zu benutzen, und eine ganz andere Sache, die Benutzung von Sprache auch zutreffend zu beschreiben und zu erklären. Es ist nämlich nicht möglich, in das Gehirn sprechender, hörender, lesender und schreibender Menschen hineinzusehen, aber zum Glück haben Wissenschaftlerinnen und Wissenschaftler Methoden ersonnen und im Laufe der Jahre verfeinert, die es erlauben, innere psychische Vorgänge näherungsweise zu erschließen und die so allmählich entstehenden Theorien immer wieder an der Wirklichkeit zu prüfen. Wir wollen im folgenden nicht näher auf solche Methoden eingehen (interessierte Leserinnen und Leser seien einführend auf ANDERSON (1988) oder GIBSON & LEVIN (1980) und vertiefend auf HABERLANDT (1994) oder RAYNER & SERENO (1994) verwiesen), sondern vielmehr die für unseren argumentativen Zusammenhang wichtigsten Ergebnisse referieren und in einem stark vereinfachenden, relativ groben und ungenauen Modell zusammenfassen, das jedoch völlig ausreicht, um die pädagogische Intervention, die in diesem Buch vorgestellt werden soll, einordnen zu können.

Was geschieht eigentlich, wenn wir lesen? Introspektiv ist diese Frage kaum zu beantworten: Wir alle können lesen, aber vermutlich können nur die wenigsten von uns erklären, was sich beim Lesen in unseren Augen und Köpfen abspielt. Das ist nicht weiter verwunderlich; denn zur Bewältigung unserer alltäglichen Leseanforderungen brauchen wir gar nicht zu wissen, wie es kommt, dass wir lesen können; es reicht, dass wir de facto lesen können. Wenn wir jedoch Kindern – zumal solchen, denen das schulische Lernen schwerfällt – das Lesenlernen erleichtern wollen, müssen wir genauer wissen, was »Lesen« eigentlich ist.

»Diesen Satz bitte nicht lesen!« – Konnten Sie dieser Aufforderung Folge leisten? Wohl kaum, und dieses Phänomen führt gleich zu einer ersten wichtigen Erkenntnis über geübtes Lesen: Sie und mit Ihnen alle geübten Leserinnen und Leser lesen extrem schnell – so schnell, dass es Ihnen kaum gelingt, kurzzeitig dargebotene Texte, die Ihre Aufmerksamkeit erregen, nicht zu lesen. Den Grund dafür haben Kognitionsforscher herausgefunden: Geübte Leserinnen und Leser wie Sie beherrschen das Lesen so perfekt und auf einem solch hohen Fertigkeitsniveau, dass sie ohne Anstrengung und ohne explizite Kontrolle durch die bewusste Aufmerksamkeit lesen können. Kognitionsforscher sagen, geübtes Lesen ist automatisiert: Geübte Leserinnen und Leser müssen sich nicht bemühen zu lesen, sie lesen einfach. Gerade dieser Automatisierungsgrad, diese Mühelosigkeit macht geübtes Lesen aus. Stellen Sie sich vor, Sie müssten noch so langsam und beschwerlich lesen wie im ersten Schuljahr: Würden Sie dann morgens die Tageszeitung lesen oder abends ein Buch? Vermutlich nicht, denn die meisten Menschen vermeiden in ihrer Freizeit beschwerliche Tätigkeiten. Hätten Sie mit Erfolg eine weiterführende Schule besucht oder gar erfolgreich studieren können? Wohl kaum, denn schnelles und sicheres Lesen wird in Schule und Studium als elementare Kulturtechnik vorausgesetzt.

Einem recht verbreiteten Vorurteil zufolge ist geübtes Lesen zuallererst eine Frage der präzisen visuellen Wahrnehmung. Verglichen mit den Fähigkeiten eines Falken ist die visuelle Wahrnehmung erwachsener Menschen jedoch sehr ungenau und relativ langsam. Trotzdem erreichen Menschen eine beachtliche Lesegeschwindigkeit, die immerhin das Tempo gesprochener Sprache übersteigt. Wie ist das zu erklären? Geübte Leserinnen und Leser sprengen die Grenzen ihres Wahrnehmungsapparates, indem Sie selektiv lesen. In hochkontrollierten Laborstudien konnte gezeigt werden, dass geübte Leser schneller lesen als visuell präzise wahrnehmen können. Daraus folgt, dass diese Leser unmöglich alle Buchstaben des Textes perzipiert haben können. Inzwischen weiß man, dass geübte Leserinnen und Leser einen Text nicht Wort für Wort und schon gar nicht Buchstabe für Buchstabe visuell abtasten, sondern nur bestimmte, besonders aussagekräftige Teile eines Textes bewusst wahrnehmen (vgl. GIBSON & LEVIN 1980).

Zwei Merkmale haben Sie bisher kennengelernt: Ihr Lesen verläuft automatisiert, d. h. mühelos, extrem schnell und ohne bewusste Aufmerksamkeitssteuerung, und selektiv, d. h., Sie nehmen nur besonders informative Textteile wahr und überspringen die weniger informativen Textteile. Wie ist aber dann zu erklären, dass Sie trotz des Tempos und obwohl Sie nur Teile eines Textes wahrgenommen haben, dessen Inhalt erfassen können? Hier kommt Ihnen eine dritte wichtige Eigenschaft geüb-

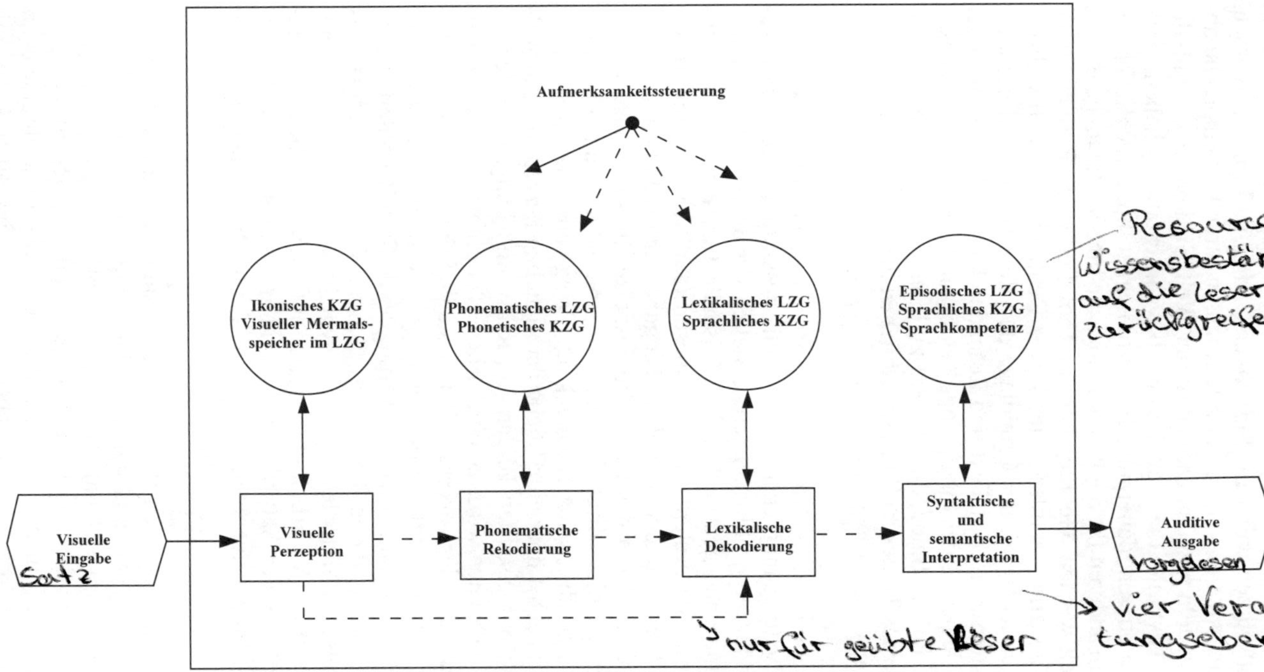

Abb. 1: Ein vereinfachtes informationsverarbeitungstheoretisches Modell des lauten Lesens eines Satzes mit vier hypothetischen Verarbeitungsstufen und den kapazitätsbegrenzenden strukturellen Variablen Kurzzeitgedächtnis (KZG) und Aufmerksamkeitssteuerung

ten Lesens zugute: Sie lesen interaktiv, d. h., Sie treten in Interaktion mit dem Text und nutzen dabei Ihr Sprachverständnis und Ihr Sachwissen. Für gewöhnlich sind die Texte, die Sie lesen, in Ihrer Muttersprache abgefasst und handeln von den Dingen dieser Welt. Sie können deshalb die informativen Textteile, die Sie blitzschnell wahrgenommen haben, sinndeutend interpretieren; dabei nutzen Sie zum einen Ihre sprachlichen Fähigkeiten, zum anderen Ihr Sachwissen über die Inhalte, die im gelesenen Text behandelt werden. Geübtes Lesen ist folglich keine Einbahnstraße vom Text zum Gehirn, sondern interaktives Deuten von schnell wahrgenommenen Textteilen auf der Grundlage des Vorwissens der Lesenden. Diese Interaktion zwischen Text und Lesenden kann mehr oder weniger gut gelingen: Je besser der Inhalt eines Textes zu Ihrem Vorwissen passt, desto leichter fällt es Ihnen, diesen Text zu lesen. Je besser die sprachliche Fassung eines Textes zu Ihren sprachlichen Erwartungen passt, desto schneller können Sie diesen Text lesen.

Abbildung 1 soll das bislang Gesagte in einem vereinfachten informationsverarbeitungstheoretischen Modell zusammenfassen und zugleich weiterführend problematisieren. Stellen wir uns vor, die Aufgabe bestände darin, einen gedruckten Satz (visuelle Eingabe, in der Abbildung links unten dargestellt) laut vorzulesen (auditive Ausgabe, rechts unten). Damit es von der visuellen Eingabe zur auditiven Ausgabe kommt, müssen im Kopf des Lesers Prozesse der Informationsverarbeitung ablaufen, die nicht direkt beobachtbar sind, in Abbildung 1 dargestellt durch ein geschlossenes Rechteck. Der Weg vom Reiz zur Reaktion verläuft nun zunächst über eine Ebene der visuellen Perzeption, auf welcher der Input mit visuellen Bildern im Kurz- und Langzeitgedächtnis (KZG/LZG) verglichen wird, zu einer Ebene der phonematischen Rekodierung, auf welcher der vorverarbeitete visuelle Stimulus auf seine Aussprechbarkeit geprüft wird. Ist der Input aussprechbar, wird er auf der dritten Ebene der Informationsverarbeitung lexikalisch dekodiert, indem ihm aus dem Kurz- und/oder Langzeitgedächtnis Worte zugeordnet werden, die schließlich auf der letzten Ebene syntaktisch und semantisch geprüft werden. Ist der Verarbeitungsprozess auf allen vier Ebenen gelungen, kann der Leser den Satz phonetisch und grammatisch korrekt vorlesen und er verbindet mit dem, was er sagt, inhaltlich bedeutungsvolle Vorstellungen.

Die gestrichelt gezeichneten Pfeile zwischen den vier Stufen der Informationsverarbeitung sollen zeigen, dass die angegebenen Prozesse nacheinander und im Normalfall einseitig gerichtet ablaufen: Höhere Prozesse der Informationsverarbeitung benutzen die Ergebnisse der vorangegangenen Prozesse als Eingabe, die sie weiter verarbeiten und ihrerseits an den nächsthöheren Prozess weitergeben. So kann beim lauten Lesen die lexikalische Dekodierung eines Satzes nur gelingen, wenn die visuelle Eingabe bereits perzeptuell vorverarbeitet und phonematisch rekodiert wurde, und der lexikalisch dekodierte Satz wird zur syntaktischen und semantischen Weiterverarbeitung weitergereicht. In dieser Abfolge von vier sequentiellen Verarbeitungsschritten gibt es jedoch eine Ausnahme: Wenn geübte Leserinnen und Leser nicht laut, sondern leise lesen, wird der Schritt der phonologischen Rekodierung fast immer übersprungen, weil er das Lesetempo verzögert; die Wortbedeutungen werden direkt dem Schriftbild zugeordnet, in Abbildung 1 gezeigt durch einen weiteren, gestrichelt gezeichneten Pfeil. Außerdem vereinfacht die Abbildung die realen Prozesse insofern, als dass beim aktuellen Leseakt es immer dann, wenn der/die Lesende auf Schwierigkeiten stößt, zu Rückgriffen auf frühere Stufen des Leseprozesses kommt. Wenn einem visuell perzipierten und phonologisch rekodierten Wort zum Beispiel keine Bedeutung zugeordnet werden kann, wird der/die Lesende das geschriebene Wort erneut visuell analysieren und phonologisch umsetzen um sicherzustellen, dass sich auf diesen elementaren Ebenen kein Fehler eingeschlichen hat, bevor er/sie zum Wörterbuch greift, um die Wortbedeutung nachzuschlagen (s. u., Prinzip der korrektiven Kompensation).

Die beidseitig gerichteten Pfeile zwischen Kurz- und Langzeitgedächtnis und den vier Teilprozessen der Informationsverarbeitung sollen verdeutlichen, dass zwischen den Komponenten des Leseprozesses und dem Gedächtnis des/der Lesenden eine rege Interaktion besteht. Einerseits wird beim Lesen das Wissen über die Merkmale von Graphemen und das Wissen über deren regelgeleiteter Zuordnung zu Phonemen, das lexikalische und grammatische Sprachwissen und insgesamt das Wissen über die Dinge dieser Welt gebraucht und aus dem Kurz- und Langzeitgedächtnis abgerufen, andererseits wird es durchaus vorkommen, dass die Lektüre eines Textes die Sprache eines Lesenden um neue Wörter oder Satzbaupläne bereichert und sein Wissen über die Welt verändert und erweitert. Die Beziehungen zwischen Lesen und Gedächtnis müssen deshalb interaktiv gedacht werden.

Über allem ist in Abbildung 1 die Aufmerksamkeit dargestellt, gewissermaßen die Instanz für die prozedurale Regulation des komplexen Lesevorgangs. Hier sollen die gestrichelten Pfeile andeuten, dass die Aufmerksamkeit immer nur auf eine Teilkomponente des Leseprozesses konzentriert werden kann und deshalb in ihrer Zielrichtung ständig wechselt. Dieser Wechsel verläuft bei geübten Leserinnen und Lesern blitzschnell und unterhalb der Bewußtseinsschwelle, denn beim geübten Lesen werden die einzelnen Komponenten des Leseaktes automatisiert, selektiv und interaktiv genutzt, d. h. alle Teilprozesse laufen extrem schnell, mühelos und in wechselseitiger Kontrolle ab, werden teilweise sogar übersprungen. Beim langsamen, weniger geübten Lesen der Lernenden ist das anders: Lernende lesen mühsam und unter strikter Kontrolle der bewussten Aufmerksamkeit.

Tauchen Schwierigkeiten im Leseprozess auf, gilt ein Prinzip, das man korrektive Kompensation nennen könnte: Der Leseprozess wird auch von geübten Leserinnen und Lesern verlangsamt und unter bewusster Aufmerksamkeitskontrolle durchgeführt, und es wird versucht, Mängel auf der einen Verarbeitungsebene durch besondere Anstrengungen auf einer oder mehreren anderen Verarbeitungsebenen auszugleichen. Wer etwa einen schwer lesbaren visuellen Input, wie er sich bei schlechtem Druckbild ergibt, verarbeiten muss, wird versuchen, die auf der visuellen Ebene gegebenen Mängel durch gezieltes Vermuten und unter besonders dezidierter lexikalischer und syntaktisch-semantischer Kontrolle auszugleichen.

Selbst das hier referierte, stark vereinfachende Modell des Leseprozesses lässt zwei Prognosen über das Lesenlernen zu, die Pädagoginnen und Pädagogen in der Schulpraxis bestens bekannt sind:

- Wenn auf frühen Stufen beim Kind Störungen auftreten, kann das Lesenlernen auf Dauer nicht gelingen, da keine oder nicht genügend weiterzuverarbeitende Eingabedaten visuell aufgenommen werden.
- Auf jeder der vier Stufen der Informationsverarbeitung können Störungen auftreten, ohne dass die anderen Stufen notwendigerweise tangiert werden, weil es Kompensationsmöglichkeiten gibt. Z. B. kann die lexikalische Decodierung bei einem Schüler mangels Wortschatz immer wieder misslingen, obwohl der Schüler eine korrekte auditive Ausgabe produziert. Es handelt sich dann um das Lehrerinnen und Lehrern hinlänglich bekannte mechanische Lesen ohne Sinnerfassung.

Gleichzeitig macht das Modell in Abbildung 1 zwei strukturell bedingte Kapazitätsgrenzen menschlichen Lesens deutlich, welche manche Probleme leselernender Kinder verständlich werden lassen:

- Auf jeder Stufe der Informationsverarbeitung wird das KZG als Arbeitsspeicher benötigt. Daraus ergibt sich der erste strukturell bedingte Engpass: Es können auf jeder Stufe nur 5 bis 9 bzw. bei Kindern 3 bis 7 Elemente im KZG gespeichert und verarbeitet werden (MILLER 1956, SIMON 1972).
- Die Prozesse laufen auf den einzelnen Verarbeitungsstufen nicht simultan, sondern sequentiell ab. Verantwortlich dafür ist der sog. Engpass Aufmerksamkeit: Wenn Information auf einer der vier Stufen bewusst verarbeitet werden soll, muss die Aufmerksamkeit aktiviert und kontrolliert ausgerichtet werden (LABERGE & SAMUELS, 1974).

Diese beiden strukturell bedingten Kapazitätsbegrenzungen menschlichen Lesens gleichen geübte Leserinnen und Leser auf zweifache Weise aus: Erstens durch einen hohen Automatisierungsgrad der Teilkomponenten und zweitens durch extrem schnelles Wechseln der Aufmerksamkeit zwischen den Verarbeitungsstufen. Wenn Sie geübtes Lesen mit dem Lesen eines Lernenden vergleichen, so fällt auf, dass letzteres nicht automatisiert ist. Kinder, die sich im Lernprozess befinden – und das heisst ja nichts anderes, als dass sie die komplexe Fähigkeit Lesen erst im Begriff sind zu erwerben – wenden durchaus und genau wie geübte Leserinnen und Leser die Strategie an, die wir weiter oben die korrektive Kompensation genannt haben, aber im Gegensatz zum geübten Leser verfügen sie nicht über den hohen Automatisierungsgrad der Teilkomponenten und infolgedessen gelingt ihnen nicht das extrem schnelle Wechseln zwischen den vier Stufen der schriftsprachlichen Informationsverarbeitung, das uns Erwachsenen so mühelos gelingt, dass es uns in aller Regel nicht einmal bewusst ist. Dass diese mangelnde Automatisierung einen lesedidaktisch zentralen Unterschied zwischen anfänglichem und geübtem Lesen darstellt, sollen die Erörterungen im nächsten Abschnitt zeigen; denn »Besser lesen mit System« zielt genau auf dieses Problem ab.

1.3 Lesenlernen, strukturell betrachtet

Es wurde bereits darauf hingewiesen, dass es sehr schwierig, wenn nicht gar unmöglich ist, das geübte Lesen introspektiv zu untersuchen. Das liegt unter anderem daran, dass kompetentes Lesen interaktiv, selektiv und automatisiert abläuft und uns geradezu mühelos von der Hand geht. Kinder, die im Begriff sind, das Lesen erst zu erlernen, lesen im Gegensatz zu geübten Erwachsenen nicht automatisiert, weniger selektiv und auf andere Weise interaktiv. Lernende Kinder lesen eher langsam und angestrengt sowie Buchstabe für Buchstabe und Wort für Wort. Sie können sich in die Lage dieser Kinder einfühlen, wenn Sie versuchen, verfremdete Texte zu lesen, die Ihnen das gewohnte Lesen erschweren:

SiexbenutzenxbeimxLesenxdiexWortzwischenräumex
undxdiexSatzzeichenxzurxOrientierungxsobaldxdie
sexfehlenxmüssenxSiexIhrxLesetempoxdeutlichxredu
zierenxSiexkönnenxnunxnichtxmehrxautomatisiert
xalsoxmühelosxschnellxundxohnexbewusstexKontrol
lexlesenxsondernxSiexmüssenxsichxjetztxähnlichx
wiexeinxLeseanfängerxbeimxEntschlüsselnxdesxvor
xIhnenxliegendenxTextesxanstrengen

D-s -st n-cht -nd-rs, w-nn m-n d-- V-k-l- w-gl-sst. Tr-tzd-m k-nn-n S-- d-n T-xt -ntschl-ss-ln. D- S-- d-- R-chtschr--bm-ster d--s-r W-rt-r k-nn-n, k-nn-n S-- s-l-kt-v l-s-n. V-k-l- s-nd n-cht s- w-cht-g.

Bei fehlenden Wortzwischenräumen müssen Sie vermutlich lediglich das Lesetempo reduzieren, bei fehlenden Vokalen müssen Sie sich schon mehr anstrengen: Es gibt fließende Übergänge vom dekodierenden, vornehmlich textgesteuerten Lesen zu einem ratenden Lesen, bei dem Sie Hypothesen über den nur in Teilen vorliegenden Text bilden, die sie dann schrittweise mit dem Text vergleichen. Geübte Leserinnen und Leser raten durchaus beim Lesen, aber dies ist kein blindes Raten losgelöst vom Text, sondern ein textorientiertes Prüfen von Hypothesen. Wie es im Gegensatz dazu Kindern ergeht, deren Dekodierfähigkeiten nicht ausreichen, ihnen vorgelegte Texte zu entschlüsseln, macht Ihnen vielleicht der nächste Text nachvollziehbar:

```
I- -e-e--a-- -u -o-a-e- -i-- -ie -o--o-a--e- -e--
-i---i-: Ei-e- -a-- o--e- -o--o-a--e- -ö--e- -ie
-i--- -e-e-.
```

Nur den wenigsten dürfte es gelingen, den hier wiedergegebenen, spärlichen schriftlichen Informationen Sinn und Bedeutung zu entnehmen: »Im Gegensatz zu Vokalen sind die Konsonanten sehr wichtig,« sollte dort zu lesen sein, und »Einen Satz ohne Konsonanten können Sie nicht lesen.« Kinder, die nur unzulänglich dekodieren können, treffen auf ähnliche Schwierigkeiten wie Erwachsene, denen das Dekodieren künstlich erschwert wird: Es gelangt nicht genug schriftliche Information ins Gehirn, das sinnentnehmende Lesen kann nicht gelingen.

Diese kleinen Versuche, verfremdete Texte zu lesen, helfen hoffentlich, sich auch als Erwachsene bzw. Erwachsener in die schwierige Lage hineinzuversetzen, in der sich Kinder befinden, die das Lesen erlernen wollen bzw. müssen, die aber eben noch nicht selektiv, interaktiv und automatisiert lesen können – das sollen sie ja erst noch erlernen. Wir haben in Abbildung 1 ein knappes Prozessmodell des Lesevorgangs entworfen, das wir jetzt durch ein einfaches Modell ergänzen wollen, das die Anforderungen, die geübtes Lesen stellt, strukturell in vier Komponenten gliedert und zugleich die Dynamik des schulischen Leselernprozesses grob unterteilt, da sich einzelne Komponenten zwar nicht ausschließlich, wohl aber vorrangig bestimmten Phasen des Lernprozesses zuordnen lassen. Das geübte sinnentnehmende Lesen erscheint in diesem Modell als eine komplexe Fähigkeit, die sich dynamisch in einem längeren und geordneten Lernprozess entwickelt und sich strukturell in bestimmte Teilfertigkeiten gliedern lässt. Das Modell vereinfacht Vorschläge von CALFEE (1981), CHALL (1983) und PERFETTI (1994) und soll lediglich eine erste Orientierung vermitteln, damit der in den Folgekapiteln vorgelegte Ansatz sinnvoll in das Gesamt von Aufgaben, die im Rahmen der schulischen Leseförderung anfallen, eingeordnet werden kann.

Textverstehen

Hauptaufgabe: Satzfolgen Bedeutung zuordnen
Zentrale Verarbeitungseinheiten: Sätze, Textteile, Texte
Teilaufgaben: *Semantische Funktion von Sätzen erkennen
* Semantische Relationen zwischen Sätzen erkennen
* Textinhalte paraphrasieren

Satzverstehen

Hauptaufgabe: Wortfolgen Bedeutung zuordnen
Zentrale Verarbeitungseinheiten: Silben, Wörter, Sätze
Teilaufgaben: * Rekodieren und Dekodieren verbessern
* Sichtwortschatz erweitern
* Arbeit in Wortfeldern und Wortfamilien
* Syntaktische Funktion von Wörtern erkennen
* Arbeit mit Satzbaumustern
* Satzbedeutungen paraphrasieren

Dekodieren

Hauptaufgabe: rekodierten Lautfolgen Wörter und Wortbedeutungen zuordnen
Zentrale Verarbeitungseinheiten: Morpheme, Silben, Wörter, Sätze
Teilaufgaben: * Rekodieren üben, um es exakter und schneller zu machen
*Sichtwortschatz erweitern
* Arbeit in Wortfeldern und Wortfamilien

Rekodieren

Hauptaufgabe: Alphabetische Schrift in gesprochene Sprache umsetzen
Zentrale Verarbeitungseinheiten: Buchstaben, Phoneme, Morpheme, Silben, Wörter
Teilaufgaben: * Graphem-Phonem-Korrespondenzen erwerben
* Ersten Sichtwortschatz erwerben

Abb. 2: Strukturmodell des flüssigen sinnentnehmenden Lesens als Integration von vier komplexen Komponenten unter der Zielrichtung von Sicherheit, Geläufigkeit und Anwendbarkeit der Teilprozesse und des gesamten Leseprozesses

Das Modell unterscheidet vier Ebenen der Informationsverarbeitung, die aufeinander aufbauen und beim Lesenlernen zunächst nacheinander behandelt, später beim geübten Lesen hochgradig integriert beherrscht werden. Strukturelle Hierarchie und dynamische Sequenz dieser vier Ebenen bzw. Phasen ergeben sich aus der Größe der Informationseinheiten, die von elementaren sublexikalischen Einheiten über Wörter und Sätze zu ganzen Textteilen und Texten fortschreitet. Die elementarste Ebene ist die der sublexikalischen Einheiten mit der Hauptaufgabe des Rekodierens, d. h. alphabetisch niedergeschriebene Sprache muss in gesprochene Sprache umgesetzt werden. Dies ist die erste große Aufgabe des Leseanfängers, denn erfolgreiches Rekodieren ist notwendige, wenngleich nicht hinreichende Bedingung für sinnerfassendes Lesen. Ohne Rekodieren könnte keinerlei geschriebene Information in den Kopf des Lesers gelangen. Typische Verarbeitungseinheiten sind Buchstaben, Morpheme und Silben, aber auch schon Wörter; denn das ausschließlich sublexikalische Rekodieren führt nicht zum Lesen inhaltlich gehaltvoller Texte und wird deswegen fast immer und von Anfang an mit dem Dekodieren verbunden, d. i. das Wortlesen auf der lexikalischen Ebene. Hier besteht die Hauptaufgabe darin, die rekodierten Lautfolgen in Wörter zu segmentieren und diesen mental Bedeutungen zuzuordnen. Silben werden zu Wörtern verbunden und diese meist auch schon zu Sätzen, da sich die Bedeutung einzelner Wörter manchmal nur aus dem Satzzusammenhang ergibt. Dementsprechend fließend ist der Übergang zur dritten Ebene des Satzverstehens, auf welcher der Leser die Wortfolgen syntaktisch und semantisch interpretiert. Wörter werden zu Satzteilen und Sätzen verknüpft und hinsichtlich ihres Aussagegehaltes interpretiert. Da die Bedeutung eines Satzes unter Umständen jedoch vom Kontext moderiert wird, in dem der Satz sich befindet, sind auch hier die Übergänge zur vierten Ebene, dem Textverstehen, fließend: Auf dieser Ebene kommt es darauf an, die Sätze zu Textteilen und Texten zusammenzuschließen und die Gesamtaussage zu ermitteln.

Wenn Sie Abbildung 2 von unten nach oben betrachten, gehen Sie vom Text aus und gelangen zum denkenden Leser hin – so betrachtet macht das Modell deutlich, dass das Lesen einen zunehmend komplexer werdenden Prozess der Sprachverarbeitung darstellt und dass die elementareren Teilfertigkeiten in die fortgeschritteneren Leseprozesse eingehen. Das Re- und Dekodieren etwa wird beim Satz- und Textverstehen nicht durch andere Prozesse des Sprachverstehens ersetzt, sondern auf höherem Niveau beibehalten und durch weitere satz- und textlinguistische Teilkomponenten ergänzt. Diese Art der Integration und Fortführung von elementaren Teilfertigkeiten wird in Abbildung 2 auf zweifache Weise verdeutlicht: zum einen durch die mengentheoretische Darstellung der unteren Ebenen als echte Teilmengen der übergeordneten Ebenen, zum anderen durch die Wiederholung typischer elementarer Teilaufgaben auch auf höheren Ebenen der Informationsverarbeitung. So sind das Rekodieren und Dekodieren auch beim Satzverstehen und Textlesen von zentraler Bedeutung und müssen über lange Jahre mitgeübt werden; wenn nämlich diese elementaren Verarbeitungsprozesse nicht beherrscht werden, können die darauf aufbauenden Stufen der fortgeschritteneren Textverarbeitung nicht gelingen. Wenn, bildlich gesprochen, der schriftsprachliche Code nicht phonologisch geknackt wird, kann ein geschriebener Text auch nicht syntaktisch und semantisch entschlüsselt werden. Dies wird zwar gelegentlich von Lesepädagogen bestritten, die den sich ganzheitlich verstehenden Spracherfahrungsansatz propagieren, aber eine solche Position dürfte angesichts der Befunde moderner Leseforschung nicht haltbar sein: Im Kern besteht das Lesenlernen darin, alphabetisch niedergeschriebene Sprache zu entschlüsseln – sinnvoll lässt sich lediglich darüber streiten, ob das Rekodieren und Dekodieren frühzeitig oder später im Leselehrgang, eher direkt oder indirekt, in Isolation oder in textlicher Anwendung geübt werden sollte (Perfetti, 1996); dass das Rekodieren und Dekodieren geübt werden muss und sich nicht naturgegeben entwickelt, dürfte nicht zu bezweifeln sein, schon gar nicht bei Kindern mit Lernschwierigkeiten (interessierte Leserinnen und Leser seien hier auf die differenzierte Darstellung bei Walter, 1996, S. 60-62 und 166-172 verwiesen).

Ein zweiter Aspekt, der im hier vorgeschlagenen Modell betont wird, ist der der durchgängigen Zielrichtung von Sicherheit, Geläufigkeit und Anwendbarkeit im Lernprozess. Gemeint ist damit, dass ich als Lehrer, der den Leselernprozess hilfreich unterstützen möchte, bei jeder neu zu erlernenden Teilfertigkeit zunächst dafür Sorge tragen muss, dass der/die Lernende diese Fertigkeit erwirbt und Sicherheit bei deren Ausführung erlangt. Ist eine grundlegende Sicherheit erreicht, muss ich durch Übung zu einer Erhöhung der Ausführungsgeschwindigkeit kommen, um die Fertigkeit auf automatisiertem Niveau, d. h. ohne angestrengte und bewusste Kontrolle, ausführen zu können. Dies befähigt die Lernenden schließlich dazu, dass sie die neu erlernte und geläufig beherrschte Teilfertigkeit auf neue Situationen anwenden, mit anderen Teilfertigkeiten kombinieren und zu komplexeren Fähigkeiten integrieren können.

1.4 Lesenlernen als Entwicklungsaufgabe

Dieser kurze Abriss einiger ausgewählter Ergebnisse der psycholinguistisch orientierten Leseforschung, die das Lesen als einen Prozess der schriftsprachlichen Informationsverarbeitung auffasst, konnte hoffentlich deutlich machen, dass das Lesenkönnen eine komplexe und zugleich wichtige persönliche Qualifikation darstellt. Das Lesen ist, wie in Kapitel 1.1 gesehen, gesellschaftlich wichtig, weil Demokratien ohne schriftsprachliche Kommunikation nicht funktionieren können, und es ist individuell wichtig, weil es dem und der Einzelnen in unserer zu großen Teilen schriftsprachlich vermittelten Kultur den Zugang zu vielen bedeutenden Informationen verschafft. Das Lesenkönnen stellt in schriftsprachlichen Kulturen wie der unsrigen eine zentrale persönliche Schlüsselqualifikation dar – und das schon im Kindes-, und nicht erst im Erwachsenenalter. Dem Jugendlichen bzw. Erwachsenen öffnet es den Einstieg in die Berufswelt, aber bereits für das Kind ist erfolgreiches Lesen von eminenter Bedeutung für den Schulerfolg überhaupt – dies zeigen die klassischen Untersuchungen über Erfolg und Versagen in der Grund- und Hauptschule von Kemmler (1967, 1976) oder Topsch (1975). Zugleich stellt das Lesen eine überaus komplexe Fertigkeit dar: Es setzt eine Vielzahl von perzeptiven, sprachlichen, kognitiven und – im Falle des lauten Lesens – motorischen Teilfertigkeiten voraus, die alle sicher beherrscht, hochgradig integriert und variabel anwendbar sein wollen.

Wenn man nun noch bedenkt, dass die individuell und gesellschaftlich wichtige und zugleich komplexe Schlüsselqualifikation des Lesens bei den allermeisten Kindern nicht von Natur aus entwickelt, sondern erst nach systematischem Unterricht erlernt wird, wird deutlich, dass das Lesen eine Herausforderung darstellt, die man in der neueren Entwicklungspsychologie und Entwicklungspsychopathologie als Entwicklungsaufgabe bezeichnet (vgl. z. B. Resch, 1996, S. 16-17). Entwicklungsaufgaben stellen zentrale Anpassungsleistungen dar, die für eine bestimmte Lebensphase typisch sind und die im Normalfall in dieser Lebensphase erfolgreich bewältigt werden müssen, weil sie für eine harmonische Weiterentwicklung des Individuums wichtig sind. Die Entwicklungsbedeutung einer solchen Anpassungsleistung kann neurophysiologisch begründet sein; so ist die Entwicklung der körperlichen Beweglichkeit im ersten Lebensjahr instrumentell für die Erschließung neuer und erweiterter Sinneseindrücke, die wiederum wichtig sind für die Entstehung und intensive Verknüpfung neuer Nervenzellen und neuronaler Bahnen. Die Bedeutung einer Entwicklungsaufgabe kann jedoch auch auf kulturellem Druck beruhen, wie im Falle des Lesen- und Schreibenkönnens: Schriftsprachliche Kompetenzen sind, wie gesehen, instrumentell für schulischen und beruflichen Erfolg und erleichtern die Entwicklung einer positiven persönlichen Identität. In jedem Falle gilt: Gelingt einem Menschen die Bewältigung einer Entwicklungsaufgabe nicht, ist dies erstens und in aller Regel mit erheblichen individuellen Versagenserlebnissen und damit verbunden psychischen Belastungen verknüpft, zweitens lassen sich weitere Entwicklungsstörungen in folgenden Lebensphasen erwarten, und drittens droht die gesellschaftliche Minderbewertung, wenn nicht gar teilweise Ablehnung – drei gute Gründe, Menschen zu unterstützen, die bei der Bewältigung von Entwicklungsaufgaben auf Schwierigkeiten stoßen.

Das Lesen stellt eine Entwicklungsaufgabe dar, die für das Schulalter typisch ist und die für Kinder mit Lernschwierigkeiten für diese gesamte Lebensphase zentrale Aufgabe bleibt. In Anlehnung an das oben entwickelte Modell der schriftsprachlichen Informationsverarbeitung lassen sich drei Lernphasen mit drei unterscheidbaren Aufgabenschwerpunkten ausmachen, die jeweils spezifischer unterrichtlicher Hilfe bedürfen, besonders bei Kindern mit Lernschwierigkeiten:

- In der ersten Lernphase der Aneignung müssen die Kinder das Rekodieren auf sublexikalischer Ebene und das Dekodieren auf lexikalischer Ebene erlernen. Unterrichtlich setzt hier der Erstleselehrgang an; es gilt, vorrangig die Entwicklung von Sicherheit in der elementaren Lesetechnik zu unterstützen.
- In der zweiten Lernphase der Sicherung müssen die Kinder das Re- und Dekodieren üben und auf Satzebene geläufig zu beherrschen lernen. Unterrichtlich setzt hier das Weiterführende Lesen an; es gilt, vorrangig die Entwicklung von Geläufigkeit in der elementaren Lesetechnik zu unterstützen und auf das inhaltliche Erfassen von Sätzen und ersten Texten anzuwenden.
- In der dritten Lernphase der Anwendung müssen die Kinder und Jugendlichen lernen, verschiedene Inhalte auf Satz- und Textebene zu entschlüsseln und mit wechselnden Intentionen verschiedenste Texte inhaltserfassend zu erlesen. Unterrichtlich setzt hier das Angewandte Lesen an; es gilt, das Lesen als Instrument der Informationsbeschaffung in unterschiedlichen Situationen und mit unterschiedlichen Intentionen zu nutzen.

1.5 Die Bedeutung des Übens

Wir haben das Lesenlernen als mehrjährige Entwicklungsaufgabe des Schulalters gekennzeichnet, die von Kindern mit Lernschwierigkeiten oft nur bei intensiver und langdauernder unterrichtlicher Unterstützung erfolgreich bewältigt werden kann. Wir haben gesehen, dass sich für den Leselernprozess, makroanalytisch und über die Schuljahre hinweg betrachtet, in drei Lernphasen die Zielschwerpunkte Sicherheit, Geläufigkeit und Anwendbarkeit ergeben. Diese durchgängige Zielrichtung von Sicherheit, Geläufigkeit und Anwendbarkeit gilt jedoch auch bei mikroanalytischer Betrachtung und für elementare wie für komplexe Fertigkeiten. Auf der Ebene des Rekodierens beispielsweise ist eine zentrale Teilaufgabe, mit der sich Leseanfänger nicht selten plagen, der Erwerb von regelhaften Graphem-Phonem-Korrespondenzen. Zunächst müssen die

Kinder diese Regeln überhaupt erkennen, in ihrer Bedeutung begreifen und memorieren (Sicherheit); anschließend müssen sie durch vielfältige Übungen ihre neuen Kenntnisse festigen und zu einem höheren Funktionsniveau bringen (Geläufigkeit), weil nur schnelles und müheloses Umsetzen der Graphem-Phonem-Korrespondenzen in die Lage versetzt, Wörter und Sätze sinnerfassend zu lesen (Anwendung). Ohne ausreichende Automatisierung müßte der Leser sich zu sehr auf das Rekodieren konzentrieren und das Dekodieren würde nicht oder nur sehr selten gelingen.

Mit der mangelnden Automatisierung sind wir auf einen wesentlichen Unterschied zwischen förderbedürftigem und kompetentem Lesen gestoßen: Nur wenn das Lesen automatisiert, und d. h. schnell und nahezu mühelos, abläuft, wird es auch nach der Schulentlassung ausgeübt und beibehalten – andernfalls droht Verlernen und funktionaler Analphabetismus. Das Modell, das wir in Abbildung 1 dargestellt haben, macht deutlich, warum dies ein wesentlicher Unterschied ist: Nur wenn die Informationsverarbeitungsprozesse auf den ersten beiden Stufen weitgehend automatisiert ablaufen, können die Prozesse auf den folgenden Stufen verbessert und somit das Lesen insgesamt effektiviert werden. Nur durch Automatisierung lassen sich die beiden strukturell bedingten Kapazitätsgrenzen, die auf N=1 beschränkte Aufmerksamkeitssteuerung und das auf 5-9 Elemente begrenzte Arbeitsgedächtnis, überschreiten:

- Falls die vorbereitenden Verarbeitungsprozesse auf den beiden ersten Stufen automatisiert ablaufen, ist für diese keine bewusste Aufmerksamkeitssteuerung mehr notwendig; diese wird dann frei für die Verarbeitungsprozesse auf den höheren Stufen.
- Nur wenn die ersten Verarbeitungsprozesse automatisiert sind, gelingt die Bildung von Supraeinheiten (engl.: chunking), d. i. die Zusammenfassung von mehreren Informationseinheiten zu einer einzigen neuen Einheit, beim Lesen etwa die Zusammenfassung von Buchstaben zu Silben, Morphemen oder Signalgruppen. Dadurch wird die Kapazität des Kurzzeitgedächtnisses funktionell gesteigert.

Automatisierung des Leseprozesses muss folglich ein vorrangiges Ziel der Leseförderung sein, zumal bei solchen Schülerinnen und Schülern, die beim Lesenlernen mit Schwierigkeiten zu kämpfen haben (LABERGE & SAMUELS, 1974); denn bei diesen Kindern kann man sich erfahrungsgemäß nur selten darauf verlassen, dass sie ebenso wie Kinder ohne Lernprobleme automatisiertes Lesen spontan und ohne explizite Anleitung erwerben. Empirische Studien in Deutschland (ROTT & ZIELINSKI, 1984, 1985), Österreich (KLICPERA, 1985; KLICPERA, GASTEIGER-KLICPERA & SCHABMANN, 1993) und den USA (ACKERMANN & DYCKMAN, 1982; CECI, 1983; EAKIN & DOUGLAS, 1971) zeigen: Schwache Leser brauchen gezielte pädagogische Hilfen. Wie aber erreicht man Automatisierung? Kognitions- und Lernpsychologen sagen, durch Überlernen, zu deutsch: durch wiederholtes und ausreichend langdauerndes Üben. In den folgenden beiden Abschnitten wird ein erfolgversprechendes Rahmenprogramm vorgestellt, das Lehrerinnen und Lehrern helfen kann, ein gezieltes Übungsangebot zu erstellen und den Leselernprozess in der Phase des Weiterführenden Lesens kritisch und konstruktiv zu begleiten; denn offensichtlich ist mit dem Erstleselehrgang, ist er erst einmal erfolgreich absolviert, zwar eine erste, hohe und wichtige Hürde übersprungen, aber das Ziel ist noch nicht erreicht. Das heisst nämlich sinnerfassendes und flüssiges Lesen, und das erfordert über den Erstleselehrgang hinaus systematische und intensive Hilfe und Förderung im Unterricht.

2 Eingangsdiagnose und Programmplazierung

Im ersten Kapitel haben wir bereits darauf hingewiesen, dass wir Schwierigkeiten beim Lesenlernen nicht als Symptome anderer Probleme affektiver oder kognitiver Art auffassen werden, sondern sie als eigenständige und primäre Probleme auffassen wollen, die es direkt zu behandeln gilt. Dies wird uns in Kapitel 2.1 zu einer Unterrichtskonzeption führen, die sich als diagnostisch-präskriptiver Unterricht bezeichnen und beschreiben lässt: ein Unterricht, der in ständiger Verschränkung von Diagnose und Intervention die Lernenden systematisch zu fördern sucht und unterrichtsbegleitend Lernerfolgsmessungen durchführt, damit die pädagogischen Maßnahmen an die individuellen Lernvoraussetzungen der Schülerinnen und Schüler angepasst werden können. In Kapitel 2.2 werden wir ein tastend-suchendes Verfahren vorstellen, mit dem der Lehrer oder die Lehrerin in einem mehrere Tage dauernden Probeunterricht versuchen kann festzustellen, Texte welchen lesetechnischen Schwierigkeitsgrades ein Schüler oder eine Schülerin lesen kann. In Kapitel 2.3 werden wir einige lesepädagogisch relevante Textmerkmale kennenlernen, die bei der Beurteilung des lesetechnischen Schwierigkeitsgrades von Texten hilfreich sein können, und die Darstellung eines exemplarischen Falles aus einem Praxisprojekt soll in Kapitel 2.4 das Gesagte noch einmal zusammenfassen und an einem Beispiel konkretisieren.

2.1 Direkte Förderung durch diagnostisch-präskriptiven Unterricht

Gerheid Scheerer-Neumann hat 1979 die seinerzeit angebotenen Interventionen bei Lese-Rechtschreibschwäche gesichtet und festgestellt, dass viele Programme sich gar nicht auf das Lesen per se richten, sondern auf vermeintliche Ursachen, die für die Leistungsausfälle im schriftsprachlichen Lernbereich verantwortlich gemacht werden. Von manchen Neurologen wird Leseversagen als Symptom für mangelhaft ausgeprägte Hemisphärendominanz oder für organisch bedingte Hirnfunktionsstörungen betrachtet; empfohlen wird ein motorisches Übungsprogramm zur nachholenden neurologischen Entwicklung bzw. medikamentöse Therapie. Von manchen Psychologen wird Lernversagen als Symptom für emotionale Störungen angesehen; diese empfehlen je nach klinischer Orientierung Psychoanalyse, nondirektive Spieltherapie oder Verhaltenstherapie. Viele Psychologen und Pädagogen glauben, Leseversagen gehe zu allererst auf auditive und visuelle Wahrnehmungsschwächen, auf Sprachentwicklungsstörungen oder auf mangelhafte Aufmerksamkeit zurück; sie empfehlen entsprechende Aufmerksamkeits- und Wahrnehmungstrainings bzw. sprachtherapeutische Behandlung. Manche Motopäden schließlich raten bei Leseversagen zu psychomotorischer Übungsbehandlung in der Annahme, es ließe sich die mangelnde Hirnreife der Betroffenen durch funktionale Übungen kompensieren.

Alle diese Ansätze lassen sich als indirekte Ansätze kennzeichnen, da sie das Leseversagen lediglich als Symptom für andere Störungen oder Schwächen betrachten, die meist als Kausalursachen angesehen werden. Gleichermaßen suchen sie nicht direkt das Lesen der Kinder und Jugendlichen therapeutisch zu beeinflussen, sondern indirekt über das Training von Funktionsdefiziten oder vermeintlichen neurologischen Störungen und/oder Schwächen. Solche Versuche der indirekten Förderung haben zwar ihren theoretischen und praktischen Wert, da mindestens einige Defizite ins wissenschaftliche Bewusstsein gerückt und zu beheben gesucht wurden, unter denen viele schulleistungsschwache Kinder leiden (WEMBER, 1982), aber Versuche der indirekten Förderung weisen zwei gravierende Schwächen auf: Erstens sind die Beziehungen zwischen vermeintlichen Ursachen und den Lernvoraussetzungen oft hypothetischer Natur und nicht erwiesen, teils auch nur als kovariierende Bedingungen mit geringen bis bestenfalls mittleren Effektstärken gegeben. Zweitens werden nur vermeintliche Lernvoraussetzungen gefördert, aber nicht das Lesen selbst, dessen mangelnde Ausbildung ursprünglich doch den Anlass für Diagnose und Intervention gegeben hat. Die Folge: Wer über indirekte Förderung bestimmte Lernvoraussetzungen sichert, hat deswegen die eigentliche Problematik noch gar nicht gelöst. Die Fördereffekte transferieren – wenn überhaupt – nur gering auf die Leseleistung, das zeigen deutlich die großangelegten Überblicksarbeiten der letzten Jahre von KLICPERA und GASTEIGER-KLICPERA (1995) oder WALTER (1996). Die indirekt geförderten Kinder lesen weiterhin zu ungenau, zu langsam und – was am schwerwiegendsten erscheint – oft ohne ausreichende Sinnerfassung.

Wir werden in dieser Arbeit einen anderen, in vielen Fällen vielversprechenderen Ansatz verfolgen: den der direkten Förderung. Hier beziehen sich Diagnose und Intervention direkt auf das Zielverhalten, das erlernt werden soll. Zur Beschreibung der Lernausgangslage werden differentielle Daten erhoben, die sich auf das Leseverhalten beziehen, auf seine Genauigkeit und Flüssigkeit beispielsweise, und die pädagogischen Maßnahmen werden gleichermaßen direkt auf dieses Leseverhalten bezogen;

dementsprechend sind Erfolgskriterien ausschließlich über das mehr oder minder gelingende Lesen der Schülerinnen und Schüler zu operationalisieren und nicht über Aufmerksamkeits- und Wahrnehmungstests oder über eine verbesserte Körperbalance. Ein solcher Förderunterricht, in dem Diagnose und Intervention eng miteinander verzahnt sind und sich beide auf das zu erlernende Zielverhalten beziehen, lässt sich als diagnostisch-präskriptiver Unterricht bezeichnen.

ARTER und JENKINS (1979, S. 518) haben diagnostisch-präskriptiven Unterricht formal definiert als »...die Praxis, unterrichtliche Präskriptionen auf der Basis differentieller diagnostischer Resultate zu formulieren« (eigene Übersetzung, F. B. W.). Mit differentiellen diagnostischen Resultaten sind Daten gemeint, die ausführlich und speziell auf die Ziele und Methoden des anstehenden Unterrichts bezogen Auskunft geben über den derzeitigen Entwicklungsstand eines Lernenden, und zwar hinsichtlich seiner Stärken wie seiner Schwächen. Präskriptionen sind, wir zitieren hier KLAUERS (1977) Ausführungen zu den drei Aufgabenbereichen einer wissenschaftlichen Lernbehindertenpädagogik, begründete Entscheidungen über zu ergreifende Maßnahmen bei spezifizierten Bedingungen, im Rahmen von Erziehung und Bildung zumeist Entscheidungen über curriculare Inhalte und methodische Verfahrensweisen des Unterrichts. Dabei darf man nicht dem naturalistischen Fehlschluss verfallen, d. h. man darf nicht meinen, aus den diagnostischen Daten ließen sich erzieherische Maßnahmen unmittelbar ableiten. Vor allem SCHLEE hat mehrfach (z. B. 1985a, b) darauf hingewiesen, dass Diagnosen Ist-Zustände beschreiben, aus denen Soll-Zustände prinzipiell nicht abzuleiten sind. Entscheidungen über Inhalte des Unterrichts sind jedoch Zielentscheidungen, die sich nur dann legitimieren lassen, wenn sie zu akzeptierten vorgeordneten Vorstellungen normativer Art kompatibel sind, und methodische Entscheidungen lassen sich gleichermaßen nur dann vertreten, wenn sie die Erreichung akzeptierter Ziele erwiesenermaßen fördern. Bei der pädagogischen Entscheidungsfindung sind jedoch diagnostische Daten keineswegs irrelevant! Am Beispiel des Lesenlernens konkretisiert: Falls akzeptiert wird, dass lernbeeinträchtigte Schülerinnen und Schüler im Verlaufe ihrer schulischen Sozialisation ebenso zu grösstmöglicher Mündigkeit und Selbständigkeit geführt werden sollen wie nichtbeeinträchtigte Kinder, und falls gleichzeitig akzeptiert wird, dass funktionale Lesefähigkeiten im Hinblick auf die Erreichung dieses vorgeordneten Ziels in schriftsprachlich bestimmten Kulturen Schlüsselqualifikationen darstellen, dann kommt gezielt und systematisch erhobenen Diagnosen eine zentrale Bedeutung zu, falls eine dritte Bedingung erfüllt ist: Es müssen Methoden zur Zielerreichung – hier der Förderung des Lesenlernens – bekannt sein, und es müssen Erkenntnisse vorliegen, unter welchen Bedingungen welche Methoden welche Effekte bewirken. Diagnosen sind dann lehr-lernprozessrelevante Deskriptionen angesichts akzeptierter Normen, und die Präskriptionen, welche die Pädagoginnen und Pädagogen setzen, sind sachlich begründet, falls relevante und wissenschaftlich geprüfte Erkenntnisse vorliegen.

Hinter der zitierten Definition von ARTER und JENKINS (1979) verbirgt sich bei genauerer Betrachtung nichts anderes als eine alte Forderung, die in der deutschsprachigen Sonderpädagogik seit den ersten Hilfsschulkonzeptionen des letzten Jahrhunderts bekannt ist und die seitdem immer wieder im Zentrum didaktischer und methodischer Reflexion gestanden hat, nämlich die Forderung, der Pädagoge solle den Schüler dort abholen, wo dieser sich gerade befinde. Genauer gesagt: Die Lehrerinnen und Lehrer sollen lernprozessrelevante diagnostische Daten erheben, die ihnen möglichst genau Auskunft geben über die Stärken und Schwächen ihrer Schülerinnen und Schüler, und auf der Grundlage dieser Daten sollen sie möglichst wirksame Präskriptionen zur Erreichung definierter Ziele entwickeln. Solch eine Verschränkung von Diagnostik und Intervention ist nicht nur altbekannt, sie ist, jedenfalls solange man auf der abstrakten Ebene allgemeiner Programmatik verharrt, allerorten konsensfähig. Die Eintracht ist meist jedoch schnell dahin, sobald man versucht, die allgemeine Konzeption in praktischen Unterricht umzusetzen. Sobald nämlich konkrete Probleme gelöst werden müssen, treten nicht selten die unterschiedlichen theoretischen Orientierungen und persönlichen Vorlieben der Beteiligten zutage und erschweren die Arbeit. Nehmen wir nur den Bereich des Leseunterrichts: Lehrerin X hält Schwierigkeiten beim Lesenlernen für Folgen zugrundeliegender Wahrnehmungsstörungen; sie empfiehlt die Diagnose per Wahrnehmungstest und Intervention mittels Wahrnehmungstraining. Lehrer Y glaubt, Leseschwierigkeiten entstünden infolge mangelhafter psychomotorischer Entwicklung; er fordert deshalb Diagnose per motorischem Entwicklungstest und Förderung der Psychomotorik durch Übungsbehandlung, bevor der Leseunterricht begonnen oder fortgesetzt wird. Für den Schulpsychologen Z schließlich sind Lesestörungen im Primarschulalter lediglich Symptome für Persönlichkeitsdefekte, die auf sexuell gefärbte, traumatische Erlebnisse im frühen Kindesalter zurückgehen. Er empfiehlt Diagnose durch projektive Tests und analytische Psychotherapie, ohne die leseschwache Schüler seiner Meinung nach gar nicht in die Lage versetzt werden können, mit Erfolg am Unterricht teilzunehmen.

Über diese und andere Vorschläge ließe sich trefflich streiten, aus unserer Sicht vor allem deshalb, weil Diagnose und Intervention jeweils indirekt erfolgen: Es wird nicht unmittelbar das Lesen der Kinder untersucht und gefördert, sondern vermeintliche Lernvoraussetzungen, durch deren Förderung das Lesenlernen mittelbar erleichtert bzw. überhaupt erst ermöglicht werden soll. Statt über solche Versuche der indirekten Förderung zu debattieren, die ihre Probleme, aber auch ihren theoretischen und praktischen Wert haben (vgl. WEMBER 1982), wollen wir uns in dieser Schrift allein auf die komplementäre Konzeption von diagnostisch-präskriptivem Unterricht konzentrieren, die bislang in der deutschsprachigen Sonderpädagogik eher ein Schattendasein führt, und dies zu Unrecht: die Konzeption der direkten Förderung. In dieser Konzeption beziehen sich die differentiellen diagnostischen Daten, die zur Beschreibung der Lernausgangslage erhoben werden, unmittelbar auf das Verhalten, das der Schüler erlernen soll, und auch die pädagogischen Maßnahmen werden gleichermaßen direkt auf dieses Zielverhalten bezogen. Folglich kann es bei der Diagnostik hier nur um das Lesen gehen, und bei der im dritten Kapitel zu beschreibenden Intervention wird das nicht anders sein.

2.2 Diagnostik durch Probeunterricht

Diagnostisch-präskriptiver Unterricht ist Unterricht, bei dem der Lehrer seine Entscheidungen auf differentielle diagnostische Daten gründet, um zu möglichst adaptiven, d. h. individuell angepassten Handlungsentscheidungen zu gelangen. Im theoretisch orientierten ersten Kapitel hatten wir festgestellt, dass es beim Weiterführenden Lesen nach Abschluss des Erstleselehrgangs vorrangig darum gehen müsse, das Rekodieren und das Dekodieren zwecks Automatisierung zu üben, um die Aufmerksamkeitssteuerung und das Arbeitsgedächtnis als die beiden strukturellen Engpässe des menschlichen Informationsverarbeitungssystems zu entlasten. Da es beim Prozess der Automatisierung vorrangig um Lesegeschwindigkeit geht, sollte im Sinne der direkten Förderung auch bei der Diagnose direkt die Lesegeschwindigkeit gemessen werden. Dies ist einfach: Sie lassen den Schüler einen Text lesen und stellen fest, wieviele Wörter pro Minute er lesen kann. Sie erhalten auf diese Weise ein einfaches, verständliches und sehr gut zu interpretierendes Maß. Da jedoch die Lesegeschwindigkeit nicht auf Kosten der Lesegenauigkeit gesteigert werden sollte – die Gefahr ist groß, dass man dann die Kinder zu wilden Ratelesern erzieht – muss auch die Lesegenauigkeit nachgehalten werden: Indem Sie die Schüler nicht leise, sondern laut lesen lassen, können Sie ermitteln, wieviele Wörter der Schüler korrekt und wieviele er fehlerhaft gelesen hat. Außerdem erlaubt lautes Lesen während der Übungsphasen spontane Fehleranalysen und sofortige und gezielte Fehlerkorrekturen. Da zudem der Sinn des Lesens nicht darin besteht, möglichst schnell zu rekodieren, sondern den Inhalt eines Textes zu erfassen, empfiehlt es sich, im Anschluss an das Lesen grundsätzlich einige Fragen zum Inhalt zu stellen, um den Schülern keine falschen Vorstellungen vom Sinn des Lesens zu vermitteln.

Damit ist das diagnostische Verfahren in seinem Grundaufbau bereits beschrieben: Sie lassen die Kinder laut vorlesen und ermitteln Geschwindigkeit und Genauigkeit. In der Praxis taucht an dieser Stelle jedoch eine zentrale Frage auf: Welches Material soll ein Schüler oder eine Schülerin lesen? Bekanntlich hängen nicht nur bei Kindern die Leseleistungen sehr stark von der technischen und inhaltlichen Schwierigkeit der zu lesenden Texte ab. Und: Texte welchen Schwierigkeitsniveaus soll ein bestimmtes Kind lesen? Welche Texte sind optimal, nicht zu schwierig, aber doch so anspruchsvoll, dass sie eine Herausforderung darstellen? Da in einem diagnostisch-präskriptiven Förderprogramm die leistungsgerechte Startplazierung überaus wichtig ist, dürfen Fragen wie diese nicht spekulativ beantwortet werden. Aus diesem Grund bleiben im Programm »Besser lesen mit System« der differentiellen Diagnose des für einen Schüler optimalen Lesematerials die ersten Tage vorbehalten. Wir empfehlen statt Vermuten und Verordnen eine mehrtägige Diagnostik als tastend-suchendes Verfahren. Die allgemeine Vorgehensweise ist im folgenden beschrieben:

1. Wählen Sie eine Serie von Lesebüchern für die Grund- oder Hauptschule bzw. für die Sonderschule, je nach Leistungsstand der Schülerinnen und Schüler. Anstelle von Schulbüchern können sie auch Serien von Lesetexten nehmen, die manche Fachverlage anbieten (vgl. das Verzeichnis von Lesetextreihen im Anhang). In jedem Fall sollten die Autoren oder Herausgeber der Bücher sich bemüht haben, vom Schwierigkeitsgrad der Texte her gestuft vorgegangen zu sein.

2. Wählen Sie aus jedem Viertel jedes Schulbuches einen Text von ca. 200 oder mehr Wörtern aus. Zählen Sie die Wörter exakt aus und tragen Sie am Rand die Ergebnisse Ihrer Zählung ein (Beispiele finden Sie in Kapitel 2.3).

3 Formulieren Sie zu jedem Text vier oder mehr Fragen zum inhaltlichen Verständnis. Stellen Sie jedoch nach Möglichkeit keine Fragen, die das allgemeine Wissen eines Kindes betreffen, sondern nur solche, die das sinnentnehmende Lesen des Textes voraussetzen.

4. Beginnen Sie mit einem Text, von dem Sie annehmen, dass er vom Schüler sicher gelesen werden kann (z. B. Buch 3, Text 2). Lassen Sie den Schüler laut lesen. Geben Sie ihm Wörter vor, die er nicht lesen kann, damit sein Lesetempo durch solche Wörter nicht reduziert wird.

5. Protokollieren Sie die Anzahl der Fehler (Auslassungen, Wortersetzungen, falsch oder unvollständig wiedergegebene Wörter) und markieren Sie die Stelle, an der der Schüler nach genau zwei oder drei Minuten Zeit angelangt ist. Lassen Sie den Schüler jedoch den Text zuende lesen.

6. Ermitteln Sie die Anzahl richtig gelesener Wörter pro Minute (RWM) und die Anzahl fehlerhaft gelesener Wörter pro Minute (FWM), indem Sie die jeweilige Gesamtzahl durch 2 oder 3 dividieren. Die Anzahl der richtig und falsch gelesenen Wörter pro Minute gibt Ihnen einen Anhaltspunkt dafür, ob der gelesene Text zu schwierig, angemessen oder zu leicht für Unterrichtszwecke ist.

Überforderungsniveau:	< 25 RWM	>8 FWM
Instruktionsniveau:	> 25 RWM	4-8 FWM
Funktionales Niveau:	> 80 RWM	2-3 FWM

7. Stellen Sie die Fragen zum Inhalt des Textes (FZI). Auf Instruktionsniveau sollte der Schüler mindestens 50 % der Fragen richtig beantworten können (dieser Wert muss jedoch nicht immer als Ausschlusskriterium gesetzt werden, da es im Förderprogramm zunächst um die Steigerung der Recodiergeschwindigkeit geht und sich bei manchen Kindern infolge einer Steigerung der Lesegeschwindigkeit auch die Sinnentnahme verbessert).

8. Ermitteln Sie das Instruktionsniveau des Schülers, indem Sie je nach Ergebnis im ersten Versuch einen schwierigeren oder einen leichteren Text vorgeben und die Schritte 4 bis 7 solange wiederholen, bis Sie das Instruktionsniveau gefunden haben.

9. Wenn Sie meinen, das Instruktionsniveau des Schülers gefunden zu haben, lassen Sie ihn in den folgenden zwei bis vier Tagen erneut Texte auf diesem Niveau lesen. Korrigieren Sie nötigenfalls Ihre Diagnose, indem Sie die Schritte 8 sowie 4 bis 7 wiederholen.

Die praktische Arbeit mit den Schülerinnen und Schülern lässt den Lehrerinnen und Lehrern genügend Freiraum für kreative Phantasie und pädagogischen Sachverstand, das werden unsere Fallbeispiele in den Kapiteln 2.4 und 3.3 sowie in den Kapiteln 4 und 5 noch zeigen. Wir wollen jedoch zwei Einwände gegen die hier vorgeschlagene Vorgehensweise nicht verschweigen: Das Verfahren sei zu langdauernd und dementsprechend unökonomisch, und es sei ausgesprochen schwierig, Texte zu finden, die genau auf die Lernenden passen. Den ersten Einwand wollen wir sofort argumentativ entkräften, für das Problem der Textauswahl wollen wir im Folgekapitel 2.3 einige Hilfen an die Hand geben.
Kritische Lehrerinnen und Lehrer wenden manchmal ein, die hier vorgeschlagene Vorgehensweise sei wenig zeitökonomisch. Man benötige dafür fünf und mehr Tage von gut 20 Minuten Instruktionszeit, insgesamt also eine Unterrichtswoche und mehr als 100 Minuten, während sich per Lesetest ein Schüler unter Umständen schon am ersten Tag und nach nur 40 Minuten diagnostisch kategorisieren lasse. Dieser Einwand ist zwar berechtigt, aber wir möchten zwei Argumente zu bedenken geben. Er-

stens nützt dem Praktiker, der einem Lernenden helfen möchte, eine standardisierte normorientierte Diagnose wie Prozentrang 17 oder T-Wert 10 wenig; solch ein diagnostisches Resultat bestätigt lediglich, dass das Kind – verglichen mit altersgleichen Schülerinnen und Schülern – unterdurchschnittlich gut liest, aber es liefert über diesen interindividuellen Leistungsvergleich hinaus keinerlei Anhaltspunkte für die Gestaltung der Leseförderung, während bei der direkten Diagnostik gewissermaßen in einem mehrtägigen Probeunterricht das Lesen der Lernenden gemeinsam mit diesen untersucht und gleichzeitig geeignetes Textmaterial für Übungszwecke ermittelt wird. All das braucht eben seine Zeit. Zweitens sind die diagnostischen Sitzungen keine Zeitverschwendung, sondern ihr Charakter als Probeunterricht macht deutlich, dass der Lernende schon von der diagnostischen Phase profitiert; denn der Übergang von der direkten Diagnose zur direkten Intervention ist fließend. Außerdem dürfte es für den Erfolg der Intervention ausgesprochen wichtig sein, dass Textmaterial gefunden wird, das auf die Lernvoraussetzungen des oder der Lernenden möglichst genau passt; hierzu im folgenden einige Hilfen.

2.3 Pädagogisch relevante Textmerkmale

Unter Schritt 1 und 2 weiter oben hatten wir gefordert, eine Serie von Lesebüchern für den Schulgebrauch auszuwählen und aus jedem Viertel eines jeden Schulbuches einen repräsentativen Text oder Textausschnitt auszuwählen, um eine geordnete Reihe von lesetechnisch unterschiedlich schwierigen Texten zu erhalten. In der Regel versuchen nämlich die Autoren und Redakteure von Schul- und Lesebüchern, eine allmähliche Steigerung des lesetechnischen und inhaltlichen Schwierigkeitsgrades innerhalb und zwischen den Jahrgangsbänden zu erreichen. Diese Vorgehensweise hat jedoch durchaus ihre Tücken: Schulbuchautoren haben nämlich in aller Regel auf viele Dinge gleichzeitig zu achten, wie Art des Textes, Inhalt und Thematik, Altersadäquanz und Richtlinienbezug usw., so dass sie sich nicht nur auf die lesetechnischen Anforderungen konzentrieren können. Bei der Suche nach geeigneten Lesetexten hat sich immer wieder gezeigt, dass der lesetechnische Schwierigkeitsgrad von Schulbüchern keineswegs linear ansteigt, sondern sowohl innerhalb wie auch zwischen den Jahrgangsbänden starken Schwankungen unterliegt.

Manche Schulbuch- oder Lehrmittelverlage bieten Serien von Lesetexten an, die meist inhaltlich ansprechend gestaltet und lesetechnisch relativ leicht gehalten sind. Auch solche Textserien können sich bei der Suche nach geeignetem Lesematerial als ausgesprochen hilfreich erweisen, das Verzeichnis von Lesetextreihen im Anhang dieses Buches kann hier vielleicht hilfreich sein. Dennoch bleibt die Frage, wie sich lesetechnisch einfache Texte ausfindig machen lassen, zumal für Jugendliche mit besonderem Förderbedarf im Lernen derzeit keine geordneten und zugleich inhaltlich geeigneten Textserien vorliegen; lesetechnisch einfaches Material ist inhaltlich und sprachlich fast immer auf die Schülerinnen und Schüler der Primarstufe abgestimmt.

Man kann sich behelfen, indem man Texte intuitiv aussucht und probeweise mit dem Schüler oder der Schülerin liest – vgl. die Beschreibung der allgemeinen Vorgehensweise in Kapitel 2.2. Erfahrene Lehrerinnen und Lehrer haben nicht selten ein gutes Gespür für den Schwierigkeitsgrad von Lesetexten, selbst wenn sie die intuitiv verwendeten Kriterien nicht immer explizit erklären können. Andererseits können Sie sich dabei schnell verschätzen: Texte, die auf den ersten Blick als leicht erscheinen, erweisen sich manchmal beim Lesen als ausgesprochen sperrig. Man kann aber zur besseren Orientierung auch Kennwerte berechnen, welche die lesetechnische Schwierigkeit abschätzen lassen; denn diese ergibt sich aus bestimmten Textmerkmalen. Seit der Jahrhundertwende sind hier einige Dutzende von Textmerkmalen bestimmt und überprüft worden. In der Leseforschung hat man präzise Formeln bestimmt, die viele solcher Kennwerte kombinieren (vgl. DICKES & STEIWER, 1977; TRÄNKLE & BAILER, 1984), oder die Wörter eines Textes Wort für Wort mit Wörterbüchern verglichen, die die Häufigkeit oder Aussprechbarkeit von Wörtern auflisten (vgl. BAMBERGER & VANECEK, 1984). Solche textlinguistischen Verfahren sind zwar relativ genau und hinsichtlich ihrer Validität ersten Prüfungen unterzogen worden, aber für Zwecke der praktischen pädagogischen Förderung sind sie wenig geeignet, weil sie zu aufwendig sind und spezielle Hilfsmittel voraussetzen, die im allgemeinen in Schulen nicht vorhanden sein dürften. In der täglichen Praxis brauchen wir möglichst einfache und schnell anwendbare, aber dennoch hinreichend informative Verfahren. Versuchen Sie es mit folgenden Kennwerten:

- Die durchschnittliche Wortlänge (DWL), zu berechnen als die Anzahl der Buchstaben eines Textes dividiert durch die Anzahl der Wörter,
- die durchschnittliche Satzlänge (DSL), zu berechnen als die Anzahl der Wörter eines Textes dividiert durch die Anzahl der Sätze,
- der Type-Token-Ratio-Index (TTR) als Maß für die Redundanz eines Textes, definiert als die Anzahl der unterschiedlichen Wörter dividiert durch die Gesamtzahl der Wörter.

Hinter diesen Kennwerten steht die Auffassung, dass sich Texte mit kurzen Wörtern und Sätzen besser lesen lassen als solche mit langen, und dass Texte, die sich aus relativ wenigen unterschiedlichen Wörtern zusammensetzen, wegen der vergleichsweise häufigen Wortwiederholungen lesetechnisch weniger schwierig zu bewältigen sind als informationstheoretisch dichte Texte. Diese Auffassungen sind in der Leseforschung immer wieder bestätigt worden, so dass die hier vorgeschlagenen Textmerkmale praktisch in allen neueren Formeln zur Lesbarkeitsbestimmung vorkommen, fast immer als Faktoren mit besonders hoher Validität (vgl. Bamberger & Vanecek, 1984; Dickes & Steiwer, 1977; Jussen, 1983; Rost, 1985; Tränkle & Bailer, 1984). Jedenfalls benötigen die drei genannten Kennwerte keine Wortlisten und Computerprogramme, sondern können allein aus einem Lesetext selbst ausgezählt und von Hand berechnet werden. Auf diese Weise lässt sich der Schwierigkeitsgrad eines Textes zwar nicht linguistisch und sprachstatistisch exakt bestimmen, für praktische Zwecke der Leseförderung dürften jedoch selbst vergleichsweise grobe Schätzverfahren zu besseren Ergebnissen führen als bloßes Vermuten. Die beispielhafte Analyse zweier Texte, die wir Sprach- und Lesebüchern entnommen haben (vgl. Arbeit 1-4, 1976; Sprach 1-6, 1989), möge die Vorgehensweise verdeutlichen und deren Validität belegen.

URSULA WÖLFEL: DIE GESCHICHTE VON DEN BILLIGEN EINKAUFSNETZEN (ARBEIT, 1, 102)

Die Geschichte von den billigen Einkaufsnetzen

Ursula Wölfel

12	12	Eine Frau mußte alles kaufen, was billig war. Sie konnte einfach nicht
23	11	anders. Wenn es irgendwo billigen Käse gab, kaufte sie ihn gleich
34	11	pfundweise, auch wenn er anfing zu stinken, ehe ihre Familie ihn
44	10	aufessen konnte. Sie hatte schon drei billige Fernsehgeräte und fünf
51	7	billige Radios gekauft, acht billige Brotschneidemaschinen, neunzehn
57	6	billige Küchenuhren und zweiunddreißig billige Putzeimer.
66	9	Beim Schlußverkauf war die Frau immer ganz glücklich. Aufgeregt
76	10	drängelte sie sich durch die Kaufhäuser und kaufte und kaufte.
87	11	Da gab es einmal gleich am Eingang einen Tisch mit billigen
97	10	Einkaufsnetzen: Zwanzig Pfennig das Stück! Die Frau kaufte alle, die
99	2	da waren.
111	12	Aber dann hatte sie kein Geld mehr für die vielen anderen billigen
117	6	Sachen. Und mit neunhundertachtundachtzig leeren Einkaufsnetzen
122	5	schlich sie traurig nach Hause.

Abb. 3: Lesetext »Die Geschichte von den billigen Einkaufsnetzen« mit zeilenweiser und kumulativer Wortzählung

Ursula Wölfels Geschichte, hier wiedergegeben mit zeilenweiser und kumulativer Wortzählung (beides vereinfacht die Berechnung von Kennwerten und die Diagnose der Lesegeschwindigkeit), thematisiert ein Problem, das vielen Kindern aus dem eigenen familiären Alltag bekannt sein dürfte und das zu behandeln sicherlich pädagogisch ratsam scheint. Wir wollen diesen Text jedoch nicht hinsichtlich seiner inhaltlichen oder seiner sprachlichen Qualitäten beurteilen, sondern versuchen, allein seine lesetechnische Schwierigkeit einzuschätzen, indem wir die durchschnittliche Wortlänge, die durchschnittliche Satzlänge und den TTR-Index oder Diversifikationsquotienten berechnen.

- Die durchschnittliche Wortlänge (DWL) wird errechnet, indem man die Anzahl der Buchstaben, aus denen sich der Text zusammensetzt, durch die Anzahl der Wörter teilt. In der Geschichte von Ursula Wölfel sind das 705 Buchstaben und 122 Wörter, das ergibt 705 Buchstaben : 122 = 5,78 Buchstaben. Dieser Wert lässt sich so interpretieren: Im Durchschnitt sind die Wörter, aus denen die »Geschichte von den billigen Einkaufsnetzen« zusammengesetzt ist, knapp 6 Buchstaben lang.
- Die durchschnittliche Satzlänge (DSL) wird berechnet, indem man die Anzahl der Wörter durch die Anzahl der Sätze dividiert. Ursula Wölfels Text besteht, wie gesehen, aus 122 Wörtern, die sich auf 10 Sätze aufteilen; das ergibt eine durchschnittliche Satzlänge von 12,2 Wörtern. Dieser Wert ist so zu interpretieren: Im Durchschnitt bestehen die Sätze, aus denen die Geschichte zusammengesetzt ist, aus gut 12 Wörtern.
- Den Diversifikationsquotienten (TTR) bestimmt man, indem man die Anzahl der verschiedenen Wörter (engl.: types) durch die Gesamtzahl der Wörter (engl.: tokens) dividiert. Die vorliegende Geschichte besteht aus 92 unterschiedlichen bei insgesamt 122 Wörtern, das ergibt einen Wert von 92 : 122 = 0,75.

DWL und DSL sind relativ einfach und schnell zu bestimmen, erst recht, wenn man einen Personal-Computer und ein Textverarbeitungsprogramm zur Hilfe nimmt (vgl. Anhang). Auch die Interpretation dieser beiden Kennwerte ist anschaulich gegeben und einsichtig, denn es scheint plausibel, dass lange Wörter im Durchschnitt schwieriger zu lesen sind als kurze Wörter, und lange Sätze, die sich aus vielen Wörtern zusammensetzen, dürften schwieriger zu erfassen sein als kurze Sätze. Wichtig ist, dass bei diesen Interpretationen das Adjektiv »durchschnittlich« nicht überlesen wird: Es wird keineswegs behauptet, lange Wörter seien immer und in jedem Einzelfall schwieriger zu erlesen als kurze Wörter: *Besenbinder* oder *Manometer* sind vermutlich für die allermeisten Schülerinnen und Schüler leichter zu erlesen als *Xenie, Yucca* oder *Ytong* (übrigens ein Spottgedicht, eine Zierpflanze, ein Leichtbeton), und ein klar gegliedertes Satzgefüge von 30 Wörtern kann weitaus verständlicher sein als ein verschachteltes Satzgefüge von nur 15 Wörtern Länge. Mag es in Einzelfällen auch anders sein: Im allgemeinen gilt für Texte der deutschen Sprache eben doch, dass lange Wörter schwieriger zu lesen sind als kurze und lange Sätze anspruchsvoller als kurze. Vergleichsweise aufwendiger ist die Bestimmung des TTR-Indexes, und auch seine Interpretation ist weniger anschaulich gegeben.

Aber	er	neunzehn
acht	es	nicht
alle	Familie	Pfennig
alles	Fernsehgeräte	pfundweise
am	Frau	Putzeimer
anderen	fünf	Radios
anders	für	Sachen
anfing	gab	schlich
auch	ganz	Schlußverkauf
aufessen	gekauft	schon
Aufgeregt	Geld	sich
Beim	gleich	Sie
billig	glücklich	sie
billige	hatte	stinken
billigen	Hause	Stück
Brotschneidemaschinen	ihn	Tisch
Da	ihre	traurig
da	immer	und
dann	irgendwo	Und
das	Käse	vielen
die	kaufen	war
Die	Kaufhäuser	waren
drängelte	kaufte	was
drei	kein	Wenn
durch	konnte	wenn
ehe	Küchenuhren	zu
Eine	leeren	zwanzig
einen	mehr	zweiunddreißig
einfach	mit	
Eingang	mußte	
Einkaufsnetzen	nach	
einmal	neunhundertachtundachtzig	

Abb. 4: Wortliste zur Ermittlung des Diversifikationskoeffizienten

Die eigentliche Berechnung des Diversifikationskoeffizienten ist nicht weiter schwierig, wenn man erst einmal die Liste der unterschiedlichen Wörter erstellt hat, aus denen der Text sich zusammensetzt; aber die Erstellung dieser Liste braucht Zeit und Mühe. Beachten Sie die in Abbildung 4 wiedergegebene Wortliste zur »Geschichte von den billigen Einkaufsnetzen«. Vermutlich fällt Ihnen folgendes auf:

- Ansonsten identische Wörter werden, kommen sie in Groß- und Kleinschreibung vor, zweimal in die Liste der unterschiedlichen Wörter aufgenommen; denn *Da* ist, lesetechnisch gesehen, ein anderes Wort als *da*.
- Alle Flexionen eines Wortes werden gesondert in die Liste der unterschiedlichen Wörter aufgenommen; denn *billig, billige* und *billigen* sind, lesetechnisch gesehen, ebenso unterschiedliche Wörter wie *groß* und *größer* oder *lies* und *lese*.
- Alle zusammengesetzten Wörter werden gesondert in die Liste der unterschiedlichen Wörter aufgenommen; selbst wenn die Wörter *auf* und *nehmen* bereits in einem Text vorgekommen sind, stellt *aufnehmen* ein lesetechnisch neues Wort dar.

Ohne Computer ist die Erstellung einer Wortliste zwar mühevoll, aber ist diese Hürde erst einmal genommen, geht die Berechnung des eigentlichen Kennwertes schnell von der Hand: Man teilt lediglich die Anzahl der unterschiedlichen Wörter durch die Gesamtzahl, hier 92 : 122 = 0.75. Nicht so leicht ist die Interpretation dieses Kennwertes; der TTR-Index ist nämlich ein direktes Maß für die lexikalische Informationsdichte eines Textes, d. h. je höher dieser Wert, desto lexikalisch dichter und folglich lesetechnisch schwieriger ist ein Text gestaltet. Wer einen einfachen Text schreiben möchte, wird sich folglich bemühen müssen, einen niedrigen Diversifikationsquotienten zu erzielen.

Der TTR-Index variiert theoretisch von 0 bis 1. Ein Text mit einem Kennwert nahe 0 besteht nur aus Wiederholungen eines oder nur sehr weniger Wörter. Wenn ein Wort einhundert Mal wiederholt wird, ergibt dies für den – im übrigen ausgesprochen langweiligen – Gesamttext einen TTR-Wert von 0,01. Würden zwei Wörter jeweils fünfzig Mal wiederholt, läge der TTR-Index für den kaum weniger langweiligen Gesamtext bei 0,02. Als Richtschnur kann man sich merken: TTR-Werte um oder unterhalb 0,5 kommen bei aussagekräftigen Texten für Erwachsene praktisch nicht vor, eher schon bei Texten in Erstlesefibeln, oder solchen Texten, die bewusst auf Wortwiederholungen angelegt sind. TTR-Werte um 0,75 oder darüber zeigen häufige Wortwiederholungen an (nämlich etwa 25 %), während Werte um oder oberhalb 0,90 extrem geringe Wiederholungen von 10 oder weniger Prozent anzeigen. Die Geschichte von Ursula Wölfel ist also, allein unter dem Gesichtspunkt der sprachlichen Redundanz betrachtet, relativ einfach.

Aber was tun, wenn eine Schülerin oder ein Schüler bei dieser Geschichte lesetechnisch überfordert ist, was zumeist an einer niedrigen Lesegeschwindigkeit und einer hohen Fehlerrate erkennbar wird? Sind einfachere Texte denkbar? Vergleichen Sie die Geschichte von Ursula WÖLFEL mit der folgenden Geschichte, geschrieben von einem anonym gebliebenen Autor und aufzufinden in einem Sprachbuch für 2. Schuljahre an Grundschulen (SPRACH 1-6, 1989):

O.A.: WANDERTAG (SPRACH, 1, 42)

Wandertag

von einem unbekannten Verfasser

11	11	Die Klassen von Peter und Klaus fahren mit dem Bus nach
18	7	Waldhausen und wandern durch den Finsterwald nach
19	1	Wiesmühlen.
27	8	Es ist sehr heiß. Der Weg ist weit.
37	10	Alle bekommen Hunger und Durst. Endlich! Am Waldsee ist die
39	2	erste Rast.
49	10	Die Kinder packen gute Sachen aus. Nach der Brotzeit können
58	9	die Kinder noch ausruhen oder Spiele machen. Frau Bauer
67	9	sagt: Bleibt bitte nahe am Rastplatz! Als alle weitergehen
70	3	wollen, fehlt Tina.
74	4	DAS IST EIN SCHRECK!
85	11	Tina, Tina, rufen alle laut und helfen Frau Bauer suchen. Klaus
95	10	findet Tina unter einem kleinen Baum. Sie schläft. Sie war
104	9	beim Versteckspiel zu weit weggelaufen und unter dem Baum
105	1	eingeschlafen.
116	11	Frau Bauer weckt Tina auf und nimmt sie in die Arme.
122	6	Das ist noch einmal gut gegangen!

Abb. 5: Lesetext »Wandertag« mit zeilenweiser und kumulativer Wortzählung

Die Geschichte vom »Wandertag« hat mit TTR = 0,75 den gleichen Diversifikationskoeffizienten wie die zuvor analysierte »Geschichte von den billigen Einkaufsnetzen«, aber die durchschnittliche Wortlänge ist mit knapp 5 Buchstaben um einen Buchstaben niedriger und die durchschnittliche Satzlänge mit etwas mehr als 7 Wörtern weitaus geringer. Dies sind für Kinder mit Lernschwierigkeiten unter Umständen lesetechnisch gravierende Unterschiede. Für eine gute und geübte Leserin sind solche Unterschiede in aller Regel nicht bedeutungsvoll, sie liest beide Texte gleichermaßen flüssig und sicher. Ein Leser mit großem Förderbedarf kann jedoch gerade an dieser Grenze scheitern: Für ihn sind die Wörter und vor allem die Sätze in Ursula WÖLFELS Geschichte unter Umständen zu lang. Es wäre ratsam, einem solchen Schüler die Geschichte vom Wandertag als Übungstext vorzuschlagen und den anderen Text auf einen späteren Zeitpunkt zu verschieben.

In der Praxis wird es durchaus vorkommen, dass bei bestimmten Texten die drei vorgestellten Kennwerte nicht einheitlich ausfallen. Soll man nun bei der Textauswahl vorrangig auf die Wortlänge, die Satzlänge oder den Diversifikationsquotienten achten? Meist lässt sich diese Frage nur experimentell beantworten, indem man den Lernenden probeweise verschiedene Texte lesen lässt und feststellt, unter welchen Bedingungen er mehr oder minder gut lesen kann. Die Ergebnisse können von zu Kind zu Kind und je nach Phase der Leseentwicklung sehr unterschiedlich ausfallen. Eine andere Möglichkeit besteht darin, verschiedene Textmerkmale zu kombinieren und einen zusammenfassenden Kennwert zu definieren, der einen einfachen Vergleich zwischen Texten erlaubt. Wir wollen hier nur kurz einen besonders einfachen zusammengesetzten Kennwert betrachten, der als relativ treffsicher gilt und der sich ohne besondere Hilfsmittel auch in der schulischen Praxis mühelos bestimmen lässt.
Bereits 1968 veröffentlichte der schwedische Leseforscher C. H. BJÖRNSSON (1968a) einen Forschungsbericht, in dem er ein einfaches Lesbarkeitsmaß vorstellte, das nur zwei Textmerkmale berücksichtigte und überaus einfach zu berechnen war. Im gleichen Jahr präsentierte er eine Version für deutschsprachige Texte, den Lix, eine Abürzung für Lesbarkeitsindex (BJÖRNSSON, 1968b). In Skandinavien sind, schreiben BAMBERGER und VANECEK (1984, S. 62), seitdem schon einige Tausend Kinder- und Jugendbücher mit diesem Index auf Lesbarkeit geprüft worden, und auch die deutschsprachige Version scheint sehr gut geeignet, mit wenig Aufwand eine relativ treffsichere Textbeurteilung bewerkstelligen zu können – jedenfalls schneidet der Lix in einer großen Vergleichsuntersuchung von BAMBERGER und VANECEK (1984) weitaus besser ab als viele andere, komplexere und somit fehleranfälligere Maße, die zudem weitaus mehr Zähl- und Rechenaufwand erfordern. Der Lix basiert nämlich auf nur zwei Textmerkmalen, der durchschnittlichen Satzlänge und dem Prozentsatz der Wörter, die länger als sechs Buchstaben sind. Er wird folgendermaßen berechnet:

1. Zunächst wird die durchschnittliche Satzlänge (DSL) bestimmt, indem man die Anzahl der Wörter eines Textes durch die Anzahl der Sätze teilt (s. o.).
2. Anschließend wird der Prozentsatz langer Wörter (PLW) bestimmt,

indem man auszählt, wie viele Wörter aus mehr als sechs Buchstaben bestehen. Man teilt diesen Wert durch die Anzahl der Wörter insgesamt und multipliziert das Ergebnis mit 100.
3. Der Lix-Index errechnet sich additiv aus dem Prozentsatz langer Wörter und der durchschnittlichen Satzlänge: Lix = PLW + DSL.

Der Lix ist zwar einfach zu berechnen, aber nicht einfach zu interpretieren. Ein Wert von 19 oder 21 Punkten ist nicht direkt und anschaulich zu verstehen, denn solche Punktwerte ergeben nicht für sich genommen, sondern nur im Vergleich zu vielen anderen Werten einen Sinn. SENNLAUB (1996, S. 86) hat eine Klassifikation in Siebenerschritten vorgeschlagen:

Bis 14 Punkte	Lesestufe 1: extrem leicht
Bis 21 Punkte	Lesestufe 2: sehr leicht
Bis 28 Punkte	Lesestufe 3: leicht usw.

SENNLAUB gibt keine Quelle und keine Gründe für diese Einteilung an, sondern meint (ebd.): »Peinlich genau sollte man das nicht nehmen. Seinen Wert hat der Lix als Anhaltspunkt.« Das mag für Praxiszwecke genügen, aus wissenschaftlicher Sicht wäre jedoch wünschenswert, bei der Beurteilung von konkret ermittelten Werten auf objektive und valide Vergleichsdaten zurückgreifen zu können; denn ohne solche geprüften Vergleichswerte ist die Beurteilung von Lix-Punkten äusserst subjektiv und nahezu beliebig. BAMBERGER und VANECEK (1984) haben deshalb an die dreihundert Texte aus Lesebüchern und aus der Kinder- und Jugendliteratur vergleichend analysiert und die Ergebnisse mit den Lesbarkeitsschätzurteilen von Expertinnen und Experten verglichen. Sie führen folgende Orientierungsdaten auf (S. 64):

		20		
Sehr leichter Text	←	25		
		30	→	Kinder- und Jugendbücher
Leichter Text	←	35		
		40	→	Belletristik
Durchschnittlicher Text	←	45		
		50	→	Sachliteratur
Schwieriger Text	←	55		
		60	→	Fachliteratur
Sehr schwieriger Text	←	65		
		70		

Tab. 1: Orientierungswerte zu den Schwierigkeitsstufen von Lix (aus BAMBERGER & VANECEK, 1984, S. 64)

Auf der Grundlage ihrer empirischen Daten empfehlen die Autoren, erzählende Texte und Sachtexte differentiell zu betrachten. Sie ordnen den einzelnen Klassenstufen dementsprechend jeweils zwei durchschnittliche Lix-Werte zu (ebd.):

Klassenstufe	Durchschnittlicher erzählender Text	Lix-Wert Sachtext
1	19	
2	24	
3	27	
4	30	31
5	32	34
6	34	38
7	36	41
8	38	44

Tab 2: Durchschnittliche Lix-Werte auf acht Klassenstufen (nach BAMBERGER & VANECEK, 1984, S. 64)

Der Lix-Index ist folglich nicht direkt und anschaulich und nicht ohne empirisch ermittelte Vergleichsdaten zu interpretieren, das ist ein Nachteil, aber er ist leicht zu berechnen und seine Berechnung aus Satz- und Wortlänge heraus ist gut nachvollziehbar. Ausserdem konnten BAMBERGER und VANECEK feststellen, dass die Lix-Werte erfreulich gut mit den Urteilen der Expertinnen und Experten übereinstimmten, was für die Validität dieses Kennwertes spricht. Ein weiterer Vorteil aus Sicht der Leseforschung ist, dass der ursprünglich in Schweden entwickelte Lix von ANDERSON (1983, 1997) analog als Reading Index Rix für den angloamerikanischen Sprachraum definiert worden ist und hier allmählich Verwendung findet. Es könnte also sein, dass gerade dieses Maß für Textschwierigkeit die internationale Kommunikation in der Leseforschung erleichtert. Auch für Zwecke der praktischen Leseförderung scheint dieser Index gut geeignet, obgleich in zukünftigen Arbeiten zu prüfen sein wird, ob und mit welchem Erfolg sich der Lix bei der Analyse von lesetechnisch bedingter Textschwierigkeit einsetzen lässt, wenn die Zielgruppe aus Schülerinnen und Schülern besteht, die gravierende Probleme beim Lesenlernen haben.

Abschließend sei vorsorglich darauf hingewiesen, dass wir in diesem Kapitel allein vom lesetechnischen Schwierigkeitsgrad der Texte her argumentiert haben. Unsere Ausgangsfrage war: Wie kann ich Lesetexte unterschiedlichen Anspruchsniveaus ermitteln, ohne mich allein auf Intuition und Gespür verlassen zu müssen? Die gegebene Antwort ist:

durch Berechnung von DSL und DWL, von TTR oder Lix als Kennwerte zur Abschätzung des Schwierigkeitsgrades, den ein Text für einen Schüler lesetechnisch darstellt. Solch eine Schätzung kann nur relativ grobe Richtwerte liefern, dürfte jedoch allemal zu besseren Resultaten führen als allein das Raten und Vermuten, vor allem in Kombination mit dem in Kapitel 2.2 beschriebenen tastend-suchenden Verfahren einer Diagnostik durch Probeunterricht. Eine möglichst gute Passung zwischen Text und Lernausgangslage des Schülers ist, daran sei erinnert, für die Erfolgsaussichten des Übungsprogramms von zentraler Bedeutung; denn bei zu einfachem Textmaterial ist Üben pädagogisch nicht notwendig und für den Schüler langweilig, bei zu schwierigem Material ist Übung pädagogisch verfrüht und für den Schüler frustrierend, folglich mit einer hohen Misserfolgswahrscheinlichkeit verknüpft. Mißerfolge sind jedoch nach Möglichkeit zu vermeiden; dies gilt schon für lernende Kinder ohne Beeinträchtigungen, erst recht aber für Schülerinnen und Schüler, die eine lange Geschichte schulischen Leseversagens mit sich herumtragen.

Natürlich werden Sie bei der Textauswahl in der schulischen Praxis nicht nur lesetechnische Gesichtspunkte beachten, sondern versuchen, Texte mit geeigneter inhaltlicher Thematik und/oder mit vorbildlichen sprachlichen Qualitäten zu finden. Dem sei hier gar nicht widersprochen. Hier wird lediglich dafür plädiert, bei solchen Entscheidungen auch lesetechnische Anforderungen zu berücksichtigen. Machen Sie sich klar: Oft kann man Dinge einfach oder kompliziert ausdrücken. Texte haben natürlich eine thematisch bedingte minimale Schwierigkeit inhaltlicher Art; man kann nicht jeden Gegenstand sprachlich beliebig einfach erklären. Neben dieser inhaltsbedingten Schwierigkeit gibt es jedoch auch eine darstellungsbedingte Schwierigkeit, die sich aus der Wahl der sprachlichen Mittel ergibt (Bayer & Seidel, 1979); man kann einfache Dinge kompliziert ausdrücken und damit Kindern, zumal solchen mit Lernschwierigkeiten, den Zugang zu einer Thematik erschweren. Vielleicht sensibilisiert Sie der Umgang mit DSL und DWL, mit TTR und Lix für diese Dimension textbezogener Komplexität und weckt das Interesse an Fragen der Textverständlichkeit, denen Sie – weitaus differenzierter, als das in dieser kurzen Einleitung geschehen konnte – in den vorzüglichen Lehrbüchern von Bamberger und Vanecek (1984) oder von Groeben (1982) nachgehen können.

Wir wollen das Kapitel zur Diagnostik abschließen mit einem Fallbeispiel, das wir zwar bereits an anderer Stelle veröffentlicht haben (Wember & Vosshage, 1996), das aber hier die Vorgehensweise bei der Diagnose insgesamt noch einmal zusammenfassen und konkretisieren kann.

2.4 Ein Fallbeispiel

Sandra (Name geändert) ist 15 Jahre alt. Sie stammt aus Ghana und lebt seit 7 Jahren in einer deutschen Familie. Sandra ist vor kurzem an die Schule für Lernbehinderte gekommen, dort besucht sie die 8. Klasse. Sie lernt und arbeitet motiviert und ist im musikalisch-künstlerischen Bereich begabt, hat nach Aussage ihres Klassenlehrers jedoch große Probleme beim Vorlesen von Texten, obwohl ihr die Sinnentnahme oft verblüffend gut gelingt. Der Lehrer und der Student halten einen Förderversuch für sinnvoll, auch wenn dieser im Rahmen eines Praktikums nur zeitlich begrenzt realisiert werden kann, und die Schülerin selbst stimmt bereitwillig zu.

Als Starttext für die Diagnose wird der Text »Frei erzogen« gewählt, der bereits in einer anderen 8. Klasse erfolgreich erarbeitet worden ist. Als Beleg für Inhalt und lesetechnischen Schwierigkeitsgrad dieses Textes hier der erste Absatz im Wortlaut (Kohl, 1994, S. 5):

An der Kasse des Supermarktes nahm die Schlange kein Ende. Nahe am Band wartete eine schwangere Frau mit ihrem Einkaufswagen, dahinter eine junge Mutter mit Kind. Dieses schob der Schwangeren mehrfach den Einkaufswagen in den Rücken. Ob mit Absicht, aus Gedankenlosigkeit oder aus Versehen, spielt für das weitere Geschehen keine Rolle.

Der Text spricht die Schülerin zwar inhaltlich an, erweist sich jedoch lesetechnisch als zu schwierig. Am ersten Tag liest Sandra durchschnittlich 16 Wörter pro Minute richtig (RWM) und 4 Wörter pro Minute falsch (FWM), am zweiten und dritten Tag sinkt die Leistung auf 11 Wörter bei drei bis vier Fehlern ab. Der Text befindet sich für Sandra offensichtlich auf Überforderungsniveau, so dass entschieden wird, einen einfacheren Text zu suchen. Aber, wie gesagt, Sandra ist eine motivierte Schülerin: Nach einem Tag Pause, an dem sie nach eigenen Angaben den ganzen Nachmittag mit ihrer Schwester geübt hat, verfünffacht Sandra am vierten Tag mit 79 RWM ihr Lesetempo, obwohl eine Fehlerquote von 17 FWM nach wie vor anzeigt, dass der gewählte Text die Schülerin überfordert. Ein Textwechsel ist angezeigt!

Wie lässt sich ein lesetechnisch einfacherer Text ausfindig machen? Eine Bestimmung der Textkennwerte zeigt eine durchschnittliche Wortlänge von 5,0 Buchstaben, eine durchschnittliche Satzlänge von 16,1 Wörtern und einen Type-Token-Ratio-Index von 0,756. Der Text »Frei erzogen« ist also informationstheoretisch betrachtet relativ dicht und weist lange Sätze auf. Auf der Suche nach Alternativen werden mehrere Geschichten aus einem Buch von Ursula Wölfel (1990) analysiert, die inhaltlich und sprachlich ansprechend und für Sandra geeignet scheinen. Tabelle 3 zeigt die Ergebnisse:

Nr.	Text	DWL	DSL	TTR
1	Frei erzogen	5,0	16,1	0,76
2	Die Geschichte vom grünen Fahrrad	4,8	8,5	0,56
3	Die Geschichte vom Bleistiftspitzen	5,3	14,0	0,63
4	Die Geschichte von der Wartemaschine	5,3	9,3	0,83
5	Die Geschichte vom eiligen Mann	4,5	13,6	0,67
6	Die Geschichte vom gierigen Vogel	4,1	14,9	0,73
7	Die Geschichte von der kleinen Frau	4,8	8,1	0,78
8	Die Geschichte vom Schaumbad	5,2	15,1	0,82
9	Schweine Geschichte	5,5	9,9	0,85

Tab. 3: Kennwerte zur Abschätzung der lesetechnischen Schwierigkeit von neun Texten aus der Kinder- und Jugendliteratur

Die Wahl fällt auf die »Geschichte vom grünen Fahrrad«, weil diese durchgängig niedrigere Kennwerte aufweist, besonders was die durchschnittliche Satzlänge und den TTR-Index betrifft. Auch hier der erste Abschnitt im Wortlaut (Wölfel, 1990, S. 30):

Einmal wollte ein Mädchen sein Fahrrad anstreichen. Es hat grüne Farbe dazu genommen. Grün hat dem Mädchen gut gefallen. Aber der große Bruder hat gesagt: »So ein grasgrünes Fahrrad habe ich noch nie gesehen. Du musst es rot anstreichen, dann wird es schön.«

Sandra kommt mit diesem Text deutlich besser zurecht. Sie kann nach erstmaliger Lektüre Fragen zum Text korrekt beantworten und die Geschichte in den folgenden Übungssitzungen nacherzählen. Lesetechnisch scheint das Instruktionsniveau getroffen worden zu sein: Die Schülerin beginnt mit niedrigen 29 RWM und hohen 12 FWM am ersten Tag, kann in den folgenden sechs Tagen durch Übung ihre Leistungen jedoch auf 76 RWM bei nur 3 FWM steigern und nähert sich somit allmählich dem funktionalen Leseniveau. Sandra darf ihre Leistungen täglich in einer Graphik darstellen, die ihr in Form einer Leistungskurve Rückmeldung über ihren erfolgreichen Leseprozess gibt und ihr ihre Lernfortschritte in intrinsisch motivierender Weise anschaulich verdeutlicht (vgl. Abbildungen 6 und 7). Anzumerken ist an dieser Stelle zur Erläuterung, dass der Lehrer bei diesem Förderversuch bereits in der Diagnosephase damit begonnen hat, die Texte mit der Schülerin zu üben, was laut Rahmenprogramm eigentlich erst in der Intervention vorgesehen ist. Er entschied sich für dieses Vorgehen aus pädagogischen Gründen, da ihm nur wenige

Wochen für die Durchführung des Übungsprogramms zur Verfügung standen. – Andere diagnostische Vorgehensweisen finden Sie in Kapitel 5 beschrieben.

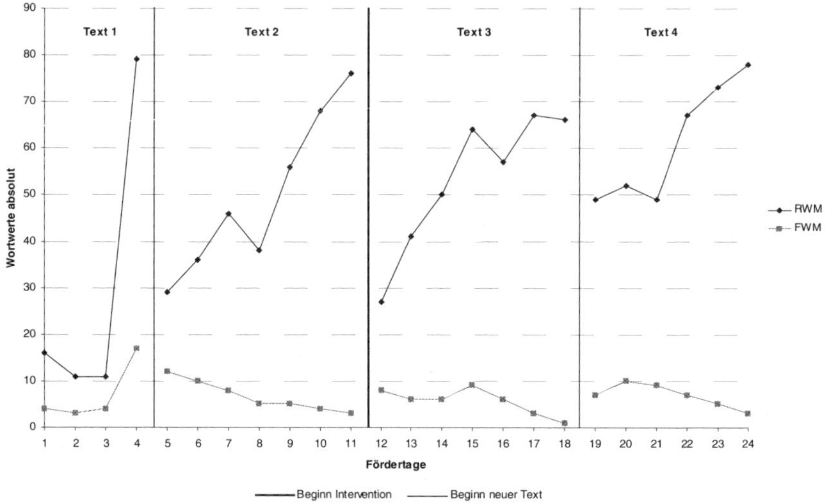

Abb. 6: Anschauliche Darstellung zur übungsbegleitenden Lernerfolgsmessung als intrinsisch motivierende Rückmeldung, im Original handschriftlich von der Schülerin selbst erstellt (vgl. Abb. 7)

Ein Lernverlauf wie der gerade gezeigte ist meistens Indiz dafür, dass das Instruktionsniveau gefunden wurde – insofern kann die diagnostische Phase als beendet betrachtet werden (in Abbildung 6 durch eine durchgezogene Linie kenntlich gemacht), ging es in der Diagnosephase doch primär darum, Textmaterial ausfindig zu machen, das für die Schülerin eine geeignete Anforderung darstellt, ohne sie zu überfordern. Wirklich sicher kann man sich jedoch erst sein, wenn sich in der anschließenden Übungsphase bei ähnlichem Textmaterial die gezeigten Leistungen mindestens stabilisieren, besser noch allmählich steigern lassen. Abbildung 6 gibt die Ergebnisse der nächsten 14 Übungssitzungen wieder, in denen mit Texten aus der gleichen Textsammlung von Ursula Wölfel (1990) gearbeitet wurde. Die Leistungskurve bestätigt die Resultate der direkten Diagnostik. Nach Textwechsel sinken die Leistungen anfänglich ab, steigen jedoch mit zunehmender Übung an: die Anzahl der korrekt gelesenen Wörter nimmt zu und die Fehlerrate sinkt gleichzeitig ab, zumal die Schülerin ab dem vierten Tag von Text 3 instruiert wurde, etwas langsamer zu lesen um Fehler zu vermeiden.

Das Fallbeispiel macht zwei Dinge deutlich: Lesetestergebnisse sind zwar vergleichsweise schnell gewonnen, aber sie geben für die gezielte unterrichtliche Hilfe relativ wenig her. Im Grunde erlauben sie nur den Vergleich der individuell gezeigten Schülerleistung mit dem Leistungsdurchschnitt einer wie auch immer zusammengesetzten Eichstichprobe. Direkte Diagnostik findet hingegen in einem mehrtägigen Probeunterricht statt, in welchem das Lesen der Lernenden gemeinsam mit diesen untersucht und gleichzeitig geeignetes Textmaterial für Übungszwecke ermittelt wird. Selbst elf diagnostische Sitzungen wie im hier gezeigten Beispiel sind keine Zeitverschwendung, denn da es sich um Probeunterricht handelt, profitiert Sandra schon von der diagnostischen Phase; der Übergang von der direkten Diagnose zur direkten Intervention ist nämlich fließend – bei der Diagnose wird bereits geübt, und während der Intervention wird immer wieder unterrichtsbegleitend diagnostiziert.

3 Intervention und Erfolgskontrolle

Im zweiten Kapitel haben wir diagnostisch-präskriptiven Unterricht definiert als die Praxis, auf der Basis differentieller diagnostischer Daten unterrichtliche Präkriptionen vorzunehmen und über Inhalte und Methoden zu entscheiden, wobei sich beides, Diagnose und Intervention, gleichermaßen auf ein und dasselbe Zielverhalten beziehen sollen. Gemäß dem hier vertretenen Prinzip der direkten Förderung werden sich folglich auch Intervention und Erfolgskontrolle, die in diesem Kapitel beschrieben werden, direkt auf das Lesen beziehen und nicht auf irgendwelche anderen, mit dem Lesen mehr oder weniger verbundene Probleme und/oder Verhaltensweisen. In Kapitel 3.1 wollen wir zunächst nochmals erläutern, für welche Kinder und Jugendliche das Programm gedacht ist und in welchen Fällen es weniger bzw. gar nicht indiziert sein dürfte. In Kapitel 3.2 werden wir, wie wir das bereits in Kapitel 2.2 für die Diagnostik getan haben, zunächst die allgemeine Vorgehensweise bei der Intervention vorstellen. Kapitel 3.3 soll die systematische Leseförderung dann an einem alltagsnahen Fallbeispiel demonstrieren, um in Kapitel 3.4 Hinweise für die tabellarische Erfassung, grafische Darstellung und zusammenfassende Analyse von Leseleistungsdaten in eigenen Praxisprojekten zu geben.

3.1 Indikation

Kein Mittel heilt alle Leiden; das gilt nicht nur in der Medizin, sondern sicher auch in der Pädagogik. »Besser lesen mit System« gibt einen programmatischen Rahmen zur Organisation gezielter und systematischer Leseübungen vor, der sich nicht an Erstlesekinder richtet, sondern an solche, die den Erstleselehrgang in den Grundzügen erfolgreich absolviert haben und die in eine Leselernphase eintreten, in der die Grundlegung und Sicherung funktionalen Lesens zentrale Bedeutung erlangt. In Anlehnung an das in Kapitel 1.4 entwickelte dreiphasige Modell des Lesenlernens lassen sich bei Lernschwierigkeiten im schriftsprachlichen Bereich drei Fallgruppen unterscheiden, deren Problematik vorrangig in mangelnder Sicherheit, mangelnder Geläufigkeit oder mangelnder Anwendbarkeit liegt:

- Bei mangelnder Sicherheit liegt zu ungenaues und fehlerhaftes, oft auch ausgesprochen langsames und mühevolles Rekodieren vor, das nur selten erfolgreiches Dekodieren und syntaktisches und semantisches Interpretieren auf metalexikalischer Ebene zulässt. Solche Kinder lesen nicht spontan und auch nach Aufforderung zumeist nur ungern, weil sie keine Erfolge erleben und peinliche Situationen befürchten müssen. Sie können geschriebene Texte nicht verstehen, weil sie den Schriftcode nicht entschlüsseln können. In solchen Fällen ist meist ein defizitärer Erstleselehrgang zu vermuten, dessen mangelnder Lernerfolg in den Folgejahren vielleicht nicht erkannt, in jedem Fall aber nicht durch remediale Maßnahmen ausgeglichen werden konnte. Angezeigt ist in solchen Fällen eine erneute, wiederholende und systematisch angelegte Erarbeitung des Rekodierens und Dekodierens mit besonderer Betonung der Genauigkeit: Fehlerfreies Lesen sollte im Vordergrund stehen.
- Bei mangelnder Geläufigkeit liegt zu langsames und zu angestrengtes Rekodieren und Dekodieren vor, das die syntaktische und semantische Interpretation mühevoll macht, erschwert und oft scheitern lässt. Solche Kinder lesen selten spontan und auch nach Aufforderung meist nur ungern, weil es sie zu sehr anstrengt und weil auch sie peinliche Situationen befürchten müssen, da ein langsames und stockendes Lesen nicht als salonfähig gilt. In solchen Fällen sind Defizite beim weiterführenden Leseunterricht zu vermuten. Angezeigt ist ein systematisches und intensives Üben des Re- und Dekodierens mit besonderer Betonung der Geschwindigkeit: Flüssiges Lesen sollte im Vordergrund stehen.
- Bei mangelnder Anwendbarkeit liegt eine ausreichende Lesetechnik und im Idealfall auch ein ausreichendes Lesetempo vor, dennoch gelingt die inhaltliche Erfassung von Alltagstexten nicht. Solche Kinder und Jugendlichen können eigentlich im engeren Sinne lesen, sie lesen aber mangels Erfolg dennoch meist nicht spontan und fallen oft in ihren Leistungen mangels Übung stark zurück. Hier ist fast immer versäumt worden, in den Sekundarschuljahren das instrumentelle Lesen genügend zu üben und systematisch einzusetzen, oft liegt jedoch zusätzlich mangelnde Geläufigkeit vor. Angezeigt ist hier ein systematisches Üben des instrumentellen Lesens in alltagsnahen Situationen und mit lebenspraktischen Texten: Fließendes, sinnentnehmendes Lesen mit wechselnden Intentionen sollte im Vordergrund stehen.

Die Unterscheidung dieser drei Fallgruppen erinnert daran, dass das Lesenlernen eine Entwicklungsaufgabe darstellt, die Kinder mit Lernschwierigkeiten lange Jahre beschäftigt und die auch bei erfolgreich absolviertem Erstleselehrgang noch nicht bewältigt ist. »Besser lesen mit System« ist kein Erstleseprogramm, sondern ein Programm weiterführenden Lesens, das im Anschluss an den Erstleselehrgang die Förderung ausreichend flüssigen, ausreichend schnellen und zugleich sinnentnehmenden Lesens bei Kindern mit Lernschwierigkeiten anzielt. Ein solches Üben ist, wie die theoretischen Analysen in Kapitel 1.2 gezeigt haben, wichtig, weil nur Automatisierung der elementaren Teilprozesse hilft, die strukturellen Engpässe Arbeitsgedächtnis und Aufmerksamkeitssteuerung zu überwinden.

3.2 Intervention

Das Prinzip der Übung durch beständige Wiederholung war ein anerkanntes methodisches Prinzip der klassischen Hilfsschulpädagogik (vgl. BLEIDICK & HECKEL, 1970, S. 71-72), das gerade im Bereich der Kulturtechniken »neben der denkenden Durchdringung die Mechanisierung, die automatisierte Fertigkeit« (S. 71) sichern sollte. In der zeitgenössischen sonderpädagogischen Literatur wird das Üben jedoch eher stiefmütterlich behandelt, und über die Gründe lassen sich nur Vermutungen anstellen: Zum einen mögen die oft schablonenhaften und mechanistischen bis rigiden Übungsformen traditioneller Konzeptionen des Hilfsschulunterrichts heutige Sonderpädagogen schrecken, zum anderen dürften die reformpädagogisch beeinflussten Konzeptionen aus dem Regelschulbereich, die das entdeckende und handelnde Lernen in Projekten und in offenem Unterricht betonen, zu einer impliziten Abwertung des Übens auch bei lernbeeinträchtigten Kindern geführt haben. Demgegenüber hat BÖHM mehrfach (z. B. BÖHM, 1988; BÖHM, DREIZEHNTER, EBERLE & REISS, 1990) betont, dass Kinder mit einem besonderen Förderbedarf in aller Regel auch einen besonderen Übungsbedarf haben und dass deshalb die Übung im Förderunterricht ihren berechtigten didaktischen Ort bekommen müsse.
Manchmal führt der uns Menschen eigene Hang, in Gegensätzen zu denken, auf geistige Holzwege, auch in der Pädagogik. Üben und aktives, selbständiges und einsichtiges Lernen in offenen curricularen Situationen sind vermutlich keine Gegensätze, sondern sich komplementär ergänzende Komponenten eines schülerorientierten Förderunterrichts, der sich die konsequente Entwicklung der Lesefähigkeit aller Schülerinnen und Schüler zum Ziel setzt. Kinder mit Lernschwierigkeiten brauchen die Übung zur Sicherung des Erlernten! Wir unterbreiten deshalb im folgenden Vorschläge für ein direktes, systematisches, langdauerndes und intensives Üben im weiterführenden Leseunterricht. Wir werden dabei die zentrale diagnostische Frage, welcher Schüler Textmaterial welchen Schwierigkeitsgrades lesen soll, unberücksichtigt lassen, weil wir diese Frage bereits im letzten Kapitel behandelt haben (vgl. WEMBER & VOSSHAGE, 1996). Im folgenden gehen wir also davon aus, dass geeignetes Textmaterial, das die Lernenden nicht unter- und nicht überfordert, intui-

tiv und durch Probeunterricht gefunden wurde und dass es sich um Schülerinnen und Schüler handelt, die den Erstleselehrgang einigermaßen erfolgreich abgeschlossen haben, d. h. sie sollten etwa 90 Prozent der Graphem-Phonem-Korrespondenzregeln des Deutschen beherrschen.
Wenn Lernende so stockend und langsam lesen, dass die Sinnentnahme nicht oder nur selten gelingt, können Sie direkt und ohne Umwege das Lesen und hier besonders das Lesetempo positiv zu beeinflussen suchen. Das ist nicht weiter schwierig:

1. Ermitteln Sie Textmaterial auf Instruktionsniveau des Schüler (s. o., Kapitel 2) und üben Sie täglich gemeinsam mit dem Schüler einen Text von 200 bis 500 Wörtern Länge, indem Sie sein Lesen begleiten, Fehler korrigieren und bei nicht lesbaren Wörtern assistieren. Begrenzen Sie die Übungszeit auf 10 bis 15 Minuten, aber achten Sie in dieser Zeit auf konzentrierte und intensive Arbeit.

2. Beenden Sie die Übungssitzung mit einer zwei- oder dreiminütigen Diagnosephase, in der der Schüler den Text möglichst flüssig vorliest. Ermitteln Sie die Anzahl korrekt und fehlerhaft gelesener Wörter pro Minute, indem Sie die Gesamtzahlen durch die Anzahl der Minuten teilen, und lassen Sie beide Werte vom Schüler in eine Grafik eintragen.

3. Stellen Sie einige Fragen zum Inhalt des gelesenen Textes; der Schüler soll zwar vorrangig sein Lesetempo erhöhen, dies darf jedoch nicht auf Kosten der Sinnerfassung gehen. Tragen Sie auch diese Ergebnisse gegebenenfalls gemeinsam mit dem Schüler in eine Grafik ein.

4. Besprechen Sie die Ergebnisse mit dem Schüler: Er soll allmählich seine Lesegeschwindigkeit steigern und die Fehlerzahl gleichhalten bzw. verringern. Sobald er ein bestimmtes Kriterium erreicht hat, darf er zu einem neuen Lesetext wechseln. Das Kriterium muss dabei dem Leistungsvermögen des Schülers angepasst und sollte möglichst konkret und für den Schüler verständlich formuliert sein, z. B. mindestens 120 richtige bei höchstens 3 bis 5 fehlerhaft gelesenen Wörtern pro Minute.

Wenn Sie diese vier Schritte über mehrere Wochen durchführen, werden Sie mit etwas Glück feststellen, dass Ihr Schüler infolge der Übung einen Text nach und nach schneller liest, manchmal geradezu von Tag zu Tag messbar. Er wird außerdem in relativ kurzer Zeit erstaunlich viele Texte lesen, wenn das Erfolgskriterium nicht zu hoch angesetzt ist, d. h. der Schüler sollte nach vier bis fünf Wiederholungen zu einem neuen Text

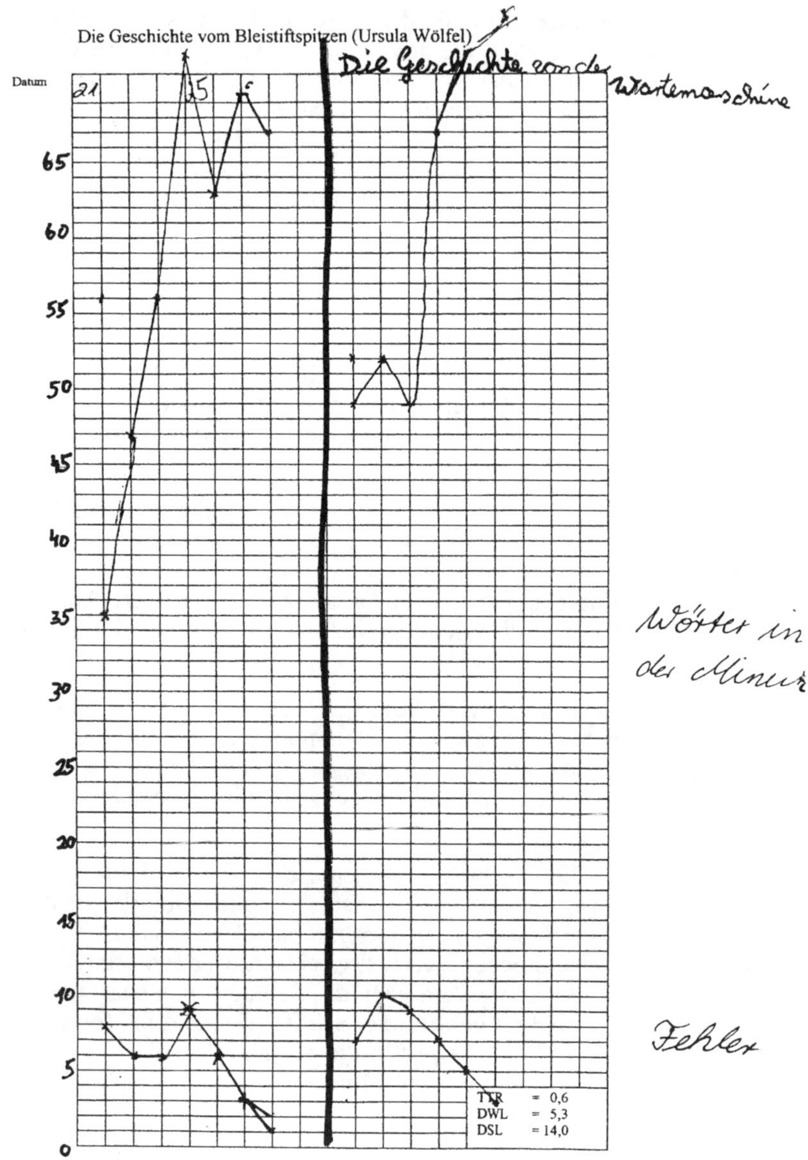

Abb. 7: Sandras Leseleistungskurve für zwei Geschichten
Es handelt sich um einen Teil der bereits in Abb. 6 dargestellten Daten; die Vorlage wurde vom Lehrer, die Leistungskurve von der Schülerin selbst erstellt.

wechseln können. Sie werden manchmal sogar feststellen, dass der Schwierigkeitsgrad der Texte langsam ansteigen kann und dass der Schüler sein Lesetempo dennoch sukzessive wird steigern können. Dabei müssen keinerlei extrinsische Verstärker eingesetzt werden; allein die persönliche Zuwendung in Kombination mit einem Verständnis der eigenen Leistungskurve und der Möglichkeit, Lesetexte selbst auszuwählen, sollte den Schüler motivieren zu lernen.
Ein zentraler Faktor in diesem Programm ist das Verständnis der eigenen Leistungsentwicklung durch die Schülerinnen und Schüler selbst; hierdurch soll nämlich versucht werden, den Aufbau intrinsischer Lesemotivation zu unterstützen. Wichtig hierfür ist, dass die Kinder die in Schritt 2 erwähnte Grafik verstehen – wir nennen Sie im Gespräch mit den Kindern meist die »Lernkurve«. Wichtig ist, dass die Grafik sauber gezeichnet wird, damit schon die sorgfältige zeichnerische Darstellung deren Wichtigkeit signalisiert. Oft genügt allein die Verwendung von Millimeterpapier und Bleistift oder farbigen Stiften, gut bewährt haben sich auch am Computer vorbereitete Formulare wie das in Abbildung 7 gezeigte. Der Grundaufbau sollte möglichst einfach sein:

- Die X-Achse ist die Zeitleiste; hier werden die Übungstage eingetragen, entweder als aufsteigende Nummernfolge 1, 2, 3 ... oder durch Protokollierung der Kalenderdaten wie in Abbildung 4.
- Die Y-Achse dient der Leistungsmessung; hier werden die richtig und die fehlerhaft gelesenen Wörter pro Minute (RWM/FWM) eingetragen.

Kinder verstehen solche Darstellungen in einem Koordinatensystem relativ schnell und viele Kinder verfolgen mit einer gewissen Spannung den weiteren Verlauf ihrer eigenen »Lernkurve«. Eine besondere Freude kann es sein, wenn die Lehrerin die Daten, die das Kind sich Tag für Tag übend erkämpft und anschließend aufgezeichnet hat, parallel in den Computer eingibt und zu einem besonderen Anlass, in jedem Fall aber zum Ende des Programms eine professionell gestaltete Grafik überreicht, die das Kind nun wirklich Punkt für Punkt versteht und stolz der Familie und den Freunden präsentieren kann. Das folgende Fallbeispiel soll die hier beschriebene Vorgehensweise nochmals exemplarisch konkretisieren und zeigen, wie solch eine Grafik aussehen kann. Im Anhang dieses Buches finden Sie unter den Materialien für eigene Praxisprojekte auch Vorlagen zur Gestaltung von Tabellen und Lernkurven.

3.3 Ein Fallbeispiel

Nora (Name geändert) ist ein in Deutschland geborenes türkisches Mädchen von 13 Jahren mit guter Lernmotivation und konzentrierter Arbeitsweise, aber fehlerhaften, intraindividuell betrachtet schwachen Leseleistungen. Sie besucht die 8. Klasse einer Förderschule am Rande des Ruhrgebietes. In ihrer Familie wird nur türkisch gesprochen. Nach Einschätzung der Klassenlehrerin besteht bei Nora im schriftsprachlichen Bereich besonderer Förderbedarf. Eine ihr unbekannte Lehrerin übernimmt für 12 Wochen die tägliche Einzelförderung.

Nora reagiert anfänglich ängstlich auf Fragen zum Inhalt des gelesenen Textes; diese Angst löst sich jedoch, als die Lehrerin ihr zunächst gestattet, den Text zur Beantwortung der Fragen nochmals einzusehen. Nach den ersten Erfolgserlebnissen am 12. und 14. Tag (100 % richtige Antworten FZI) ist dies nicht mehr nötig .

Abbildung 8 zeigt die Entwicklung der Leseleistungen im Laufe eines Übungszeitraums von etwa 12 Unterrichtswochen. Vertikal betrachtet zeigt die obere Hälfte der Abbildung die Lesegeschwindigkeit pro Minute auf der Ordinatenachse differenziert nach richtig und fehlerhaft gelesenen Wörtern pro Minute (RWM, FWM), während sich in der unteren Hälfte der Abildung ablesen lässt, wie erfolgreich die Schülerin Fragen zum Inhalt (FZI) des von ihr gelesenen Textes beantwortet hat, ausgedrückt als Prozentsatz der korrekt beantworteten Fragen. Horizontal betrachtet finden sich auf den Abszissenachsen die 52 Unterrichtstage eingetragen, während derer die Einzelförderung durchgeführt werden konnte, untergliedert in eine diagnostische Phase, in der u.a. versucht wurde, geeignetes Textmaterial zu ermitteln, und eine Interventionsphase, in der das eigentliche Übungsprogramm realisiert werden konnte. Die diagnostische Phase wurde länger beibehalten als in Kapitel 2 empfohlen, weil die Schülerin sich mit der neuen Lehrerin und mit wechselnden Arbeitsräumen vertraut machen musste, da kein fester Raum für den Förderunterricht zur Verfügung stand. Die Interventionsphase wurde im Oktober durch einwöchige Herbstferien unterbrochen. – Betrachten wir nun den Lernverlauf im einzelnen.

In der Diagnosephase schwanken Noras Leseleistungen von knapp 40 bis zu gut 60 richtig gelesenen Wörtern pro Minute bei geringer Fehlerzahl von FWM =3 und akzeptabler, wenngleich schwankender Inhaltserfassung. Offensichtlich befindet sich das Lesematerial für diese Schülerin auf Instruktionsniveau und ist folglich für Übungszwecke geeignet. Es lässt sich in dieser Phase, in der keine Leseübungen durchgeführt wurden, kein spontaner Lerngewinn verzeichnen: Die Leistungen sinken ten

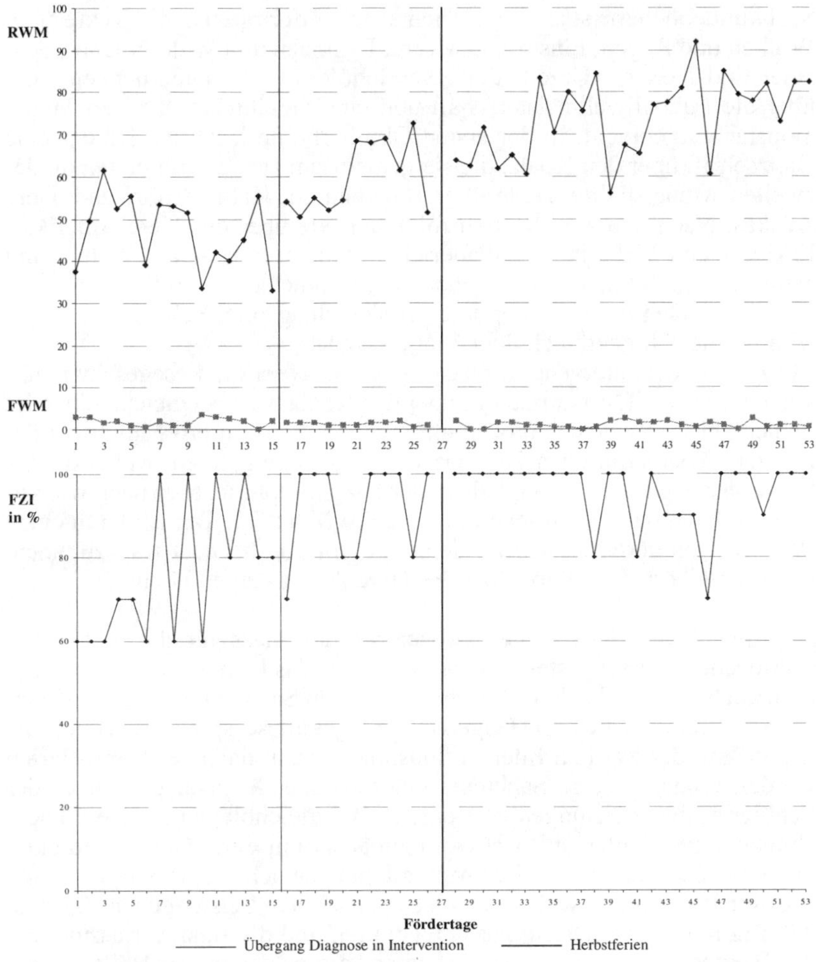

Abb. 8: Lernverlaufskurve der Schülerin Nora über einen Übungszeitraum von 12 Unterrichtswochen

denziell etwas ab, Leistungstiefpunkte am 9. und am 14. Tag fallen auf einen Montag, an dem die Schülerin laut eigener Auskunft Schwierigkeiten hat, sich auf das Lesen einzustellen.

Das Textmaterial wurde nach den Wünschen der Schülerin und zweier Schüler, die ebenfalls eine Einzelförderung erhielten, ausgesucht und zusammengestellt (vgl. Wember & Lippold-Häcker, 1997). Im September wurden vorrangig Sachtexte gelesen, die aus verschiedenen Schul- und

Sachkundebüchern stammten. Thematisch informierten die Texte über Wolken und Regen, Flüsse und Meere, Pygmäen und Waldindianer, Fossilien und Tiere der Urzeit. Von zwei Schülern wurde außerdem ein Text über die Fußballweltmeisterschaft und eine Geschichte über ein Moosmonster mitgebracht. In der ersten Oktoberhälfte lasen die Kinder eine Ganzschrift über den Koala, die sie gemeinsam ausgewählt hatten, in der zweiten Monatshälfte Texte über Hackbauern, Kakaoexport und Tiere Afrikas. Nach den Herbstferien folgten Texte über die Tiere Amerikas, Eskimos und Eisbärjagd, Indianerleben und Eisenbahnbau, Weltall und Milchstraße, Sonnensystem, Planeten, Kometen, Mondlandung und Mondauto. Den Abschluss bildete auf Vorschlag eines Schülers ein Kapitel aus einem Jugendbuch über Vampirkinder.
Mit Beginn der Interventionsphase steigt bei Nora die Lesegeschwindigkeit deutlich an: Die Ganzschrift über den Koala wird bei gleichbleibender Fehlerzahl in der ersten Woche mit etwa 55 Wörtern pro Minute, in der zweiten Woche mit etwa 70 Wörtern pro Minute gelesen, wobei die Inhaltserfassung besser gelingt als in der Diagnosephase, aber nach wie vor variiert. Die relativ schwache Leistung RWM am 25. Tag ist durch einen Wechsel von der Ganzschrift, die an diesem Tag beendet war, zu einem recht schwierigen Sachtext über die Tiere Afrikas zu erklären.

Natürlich kann nicht ausgeschlossen werden, dass für die gerade beschriebenen Leistungssteigerungen nicht nur das Übungsprogramm, sondern auch der Wechsel des Lesematerials von Sachtexten zu einer Ganzschrift verantwortlich ist. Gegen diese Hypothese sprechen jedoch die Ergebnisse der zweiten Interventionsphase; denn nach den Herbstferien werden erneut diverse Sachtexte gelesen, und dennoch gelingt es der Schülerin, ihre Leistungen zu steigern. Bei gleichbleibender bzw. leicht abnehmender Fehlerzahl liest Nora zunächst mit einer Geschwindigkeit von etwa 65 Wörtern, ab der zweiten Übungswoche sogar von 75 bis 80 Wörtern pro Minute, wobei die relativ schwachen Leistungen am 37. und 43. Tag mit Textwechseln zusammenfallen und die Inhaltserfassung bei den Texten über erdkundliche Themen, die in der ersten Hälfte dieser Interventionsphase gelesen wurden, besser gelingt als bei den Texten über Weltall, Sonnensystem und Planeten, die gegen Ende der Förderung auf dem Programm standen und bei denen die Schülerin nach eigenen Angaben über kein Vorwissen verfügt.

Betrachtet man Abbildung 8 im Zusammenhang, lassen sich bei Nora klare Lernerfolge feststellen: Die Fehlerrate sinkt leicht ab, die Lesegeschwindigkeit nimmt erheblich, nämlich im Durchschnitt fast um 30 Wörter pro Minute, zu, und die Inhaltserfassung verbessert sich deutlich. Dies sind pädagogisch erfreuliche Resultate. Aus forschungsmethodischer Sicht, diese kleine Zwischenbemerkung sei an dieser Stelle gestattet, ist jedoch kritisch zu fragen, ob sich hier wirklich Lerneffekte abzeichnen, die funktional auf das eingesetzte Übungsprogramm zurückgehen, oder ob in Abbildung 5 nicht vielmehr ein idiosynkratischer Lernverlauf vorliegt, dessen Schwankungen auf zufällige Einflüsse bzw. auf die Reifung oder andere unspezifische Wirkfaktoren zurückgehen. Will man solche Gegenargumente prüfen, muss man versuchen zu zeigen, dass sich die bei dieser Schülerin gezeigten Effekte auch bei anderen Schülerinnen und Schülern wiederholen lassen. Sollte eine solche Replikation gelingen, spräche das für die spezifische Effektivität des eingesetzten Leseprogramms (zur Logik dieser Vorgehensweise vgl. WEMBER, 1989, 1994). Wir wollen solche forschungsmethodischen Gedanken in dieser Schrift, die sich auf die pädagogisch-praktische Arbeit konzentriert, nicht weiter verfolgen und verweisen statt dessen auf weitere Beispiele, die bei HERTING (1998b), WEMBER (1996) oder WEMBER und LIPPOLD-HÄCKER (1997) nachzulesen sind.

3.4 Erfassung, Darstellung und Analyse von Leseleistungen

In diesem und im vorangegangenen Kapitel haben Sie erfahren, wie Sie pädagogisch relevante Textmerkmale ermitteln können, um diese bei einer Diagnostik durch Probeunterricht zu nutzen. Sie haben erfahren, wann ein systematisches Üben des weiterführenden Lesens angezeigt ist und wie sich dieses ausgestalten lässt. Bei der Lektüre der Fallbeispiele haben Sie vermutlich bereits gemerkt, dass der grafischen Darstellung der Leseleistungen eine besondere Bedeutung zukommt. In diesem Kapitel sollen Sie einige Hilfen erhalten, die Ihnen bei der Realisierung eigener praktischer Projekte hoffentlich nützlich sind.

Falls Sie, wie in diesem Buch empfohlen, täglich bzw. nach jedem Förderunterricht die Leistungen eines jeden zu fördernden Kindes individuell messen, erhalten Sie eine Vielzahl von Daten. Da diese Daten eine Leistungsentwicklung beschreiben, die sich in zeitlicher Ausdehnung erstreckt, stellen sie aus mathematisch-statistischer Sicht sogenannte Zeitreihen dar. Falls Sie sich an die Empfehlungen dieses Buches halten, ergeben sich mindestens zwei, manchmal sogar drei Zeitreihen, nämlich die Anzahl der richtig gelesenen Wörter pro Minute (RWM) und die Anzahl der falsch gelesenen Wörter pro Minute (FWM), und falls Sie auch Fragen zum Inhalt des Textes gestellt haben, der Prozentsatz der richtig beantworteten Fragen (FZI). Wir wollen im folgenden zeigen, wie Sie diese Daten tabellarisch protokollieren und grafisch visualisieren können, damit Ihnen erstens keine Daten verlorengehen und Sie diese zweitens bei der unterrichtsbegleitenden Erfolgsmessung nutzen können, um

Ihre pädagogischen Maßnahmen an die Leseentwicklung des einzelnen Kindes adaptieren zu können.

Die im Idealfall tägliche, ansonsten häufig wiederkehrende Messung der Leseleistung ist kein Selbstzweck. Sie soll Ihnen bei der Planung der nächsten Interventionsschritte helfen, die Leistungsentwicklung des Kindes im Auge zu behalten. Darüber hinaus soll die tägliche Lernerfolgsmessung Sie in die Lage versetzen, dem Kind in verständlicher Form Rückmeldung zu geben über seine Leseentwicklung. Deswegen ist es wichtig, dass die erhobenen Daten vollständig protokolliert, klar analysiert und verständlich und unverfälscht kommuniziert werden. In der Forschungsmethodologie haben sich zwei Verfahren bewährt, die sich für unsere Zwecke nutzen lassen, die tabellarische Erfassung von Daten und deren grafische Darstellung, Zusammenfassung und Analyse. Wir werden beide Verfahren in ihren Grundzügen und orientiert an den Notwendigkeiten praxisbegleitender Datendokumentation darstellen, vertiefte Behandlungen der Thematik finden sich in der einschlägigen Fachliteratur zur Methodologie empirischer Forschung, z. B. bei PARSONSON und BAER (1978, 1992), JOHNSTON und PENNYPACKER (1980, besonders S. 327-354) oder FRANKLIN, GORMAN, BEASLEY und ALLISON (1997).

3.4.1 Tabellarische Protokollierung

Die tabellarische Form ist die einfachste Art der vollständigen Protokollierung von Beobachtungsdaten. In Tabellen lassen sich sowohl die unverarbeiteten Rohdaten erfassen als auch erste weiterverarbeitete und von den Rohdaten abgeleitete Werte, also etwa Statistiken für die zentrale Tendenz (Modalwert, Median, arithmetisches Mittel) und für die Streuung einer Werteverteilung (Streubreite, Standardabweichung, Varianz). Die Anlage einer Tabelle ist bereits ein elementarer Vorgang der Datenverarbeitung; denn Sie müssen entscheiden, welche Daten Sie tabellarisch festhalten wollen, ob nur Rohdaten oder auch ausgewählte Statistiken protokolliert werden sollen, in welcher Reihenfolge diese zu protokollieren sind usw. Bei der Planung und Gestaltung einer Tabelle lassen sich drei einfache Regeln beherzigen:

1. Sie sollten alle wichtigen Rohdaten tabellarisch festhalten.
2. Sie sollten alle elementaren Statistiken tabellarisch festhalten, die Sie bei späteren Schritten der Datenanalyse nutzen oder die Sie anderen mitteilen wollen.
3. Sie sollten die Reihenfolge der tabellarischen Erfassung in Leserichtung und so anlegen, dass Sie bei der Berechnung von Statistiken in der Tabelle möglichst wenig vor- und zurückspringen müssen. Das hilft, Rechenfehler zu vermeiden.

Geplant gestaltete Tabellen weisen gegenüber ungeordneten Methoden der Datenprotokollierung drei markante Vorteile auf: Sie sind übersichtlicher und deshalb leichter zu interpretieren, sie lassen Lücken im Datensatz deutlich sichtbar werden und sorgen so für Vollständigkeit der Protokollierung, und sie sparen viel Platz. Die Anlage einer Datentabelle empfiehlt sich in jedem Fall, selbst dann, wenn Sie die eigentliche Analyse und Darstellung der Ergebnisse mit Hilfe eines einschlägigen Computerprogramms bewerkstelligen wollen. Alle geeigneten Programme benötigen nämlich eine Datentabelle mit mindestens den Rohdaten als Ausgangsmaterial für alle weiteren Analysen und grafischen Darstellungen; allerdings kann Ihnen sogar bei der tabellarischen Datenerfassung der Computer hilfreich sein, falls Sie vor Ort über ein geeignetes Gerät verfügen (vgl. Anhang, Datenerfassung mit MICROSOFT EXCEL).

Ihre Tabelle sollte alle die Daten festhalten, die pädagogisch wichtig sind und die Sie deshalb bei der späteren Interpretation der erzielten Ergebnisse berücksichtigen möchten. Empfehlenswert ist, mindestens die folgenden Daten zu protokollieren:

Name	Name des Kindes
N	Ordnungszahl der Messung
Datum	Kalendarisches Datum der Messung
Dauer	Zeitdauer der Leseprobe in Minuten
W	Absolute Anzahl der gelesenen Wörter
RW	Absolute Anzahl der richtig gelesenen Wörter
RWM	Quotient der richtig gelesenen Wörter pro Minute, errechnet als NRW : Dauer
FW	Absolute Anzahl der falsch gelesenen Wörter
FWM	Quotient der falsch gelesenen Wörter pro Minute, errechnet als NFW : Dauer
FZI korrekt	Anzahl der Fragen zum Inhalt des Lesetextes, die korrekt beantwortet wurden
FZI gesamt	Anzahl der Fragen zum Inhalt, die insgesamt gestellt wurden
FZI	Prozentsatz der Fragen zum Inhalt, die korrekt beantwortet wurden, errechnet als FZI korrekt : FZI gesamt X 100

Beginn der Förderung: 15.07.98 — Lernende: Sonja
Ende der Förderung: — Lehrer: Wember

N	Datum	Dauer in Min.	W	RW	RWM	FW	FWM	FZI ges.	FZI korr.	FZI in %	Text	Anmerkungen
1	15.07.98	2	110	104	52	6	3	5	4	100	1	
2	16.07.98	2	115	110	55	5	2,5	5	5	100	2	
3	17.07.98	-	-	-	-	-	-	-	-	-	-	Wochenende
4	18.07.98	-	-	-	-	-	-	-	-	-	-	Wochenende
5	19.07.98	2	70	62	31	8	4	4	2	50	3	
6	20.07.98	-	-	-	-	-	-	-	-	-	-	Feiertag
7	21.07.98	2	105	98	49	7	3,5	4	3	75	3	
8	22.07.98	2	107	100	50	7	3,5	4	4	100	3	
9	23.07.98	2	108	104	52	4	2	4	4	100	3	

Tab. 4: Tabelle zur Erfassung von Rohdaten bei der täglichen Messung von Leseleistungen

Die Beispieltabelle zeigt fiktive Daten für ein Kind namens Sonja; da Sie die Daten individuell auswerten werden, empfiehlt es sich, wie hier gezeigt, für jedes Kind eine eigene Tabelle anzulegen. Da sich häufig die Leseleistungen auch von Text zu Text unterscheiden werden, kann es sinnvoll sein, auch Textmerkmale tabellarisch festzuhalten, wie sie beispielsweise in Kapitel 2.4 in Tabelle 1 dargestellt worden sind. Textwechsel können dann genau so wie in der Beispieltabelle der Wechsel von der Diagnose zur Intervention durch deutlich hervorgehobene Zeilenstriche symbolisiert werden.

Die geschickte tabellarische Zusammenstellung von Daten kann zwar, wie gesagt, die Interpretation dieser Daten unterstützen, aber grundsätzlich ist zu bedenken, dass Tabellen wenig anschaulich und deshalb mit dem bloßen Auge schwer zu interpretieren sind. Tabellen erlauben die Zusammenfassung von vielen Daten auf engstem Raum und ersetzen so langwierige sprachliche Beschreibungen, aber die Entdeckung von Effekten, seien dies Zusammenhänge zwischen zwei oder auch mehreren Messreihen oder seien dies Unterschiede, die sich ab einem bestimmten Zeitpunkt dann nur unter bestimmten Bedingungen ergeben, ist ohne weitere Hilfsmittel kaum möglich. Es empfiehlt sich praktisch immer, die tabellarisch festgehaltenen Daten grafisch umzusetzen, nicht zuletzt, um den Kindern anschaulich Rückmeldung über ihre Lernfortschritte geben zu können.

3.4.2 Grafische Visualisierung

Bei einer grafischen Darstellung von Zeitreihen versucht man, gemessene Daten visuell so umzusetzen, dass die räumliche Anordnung von Symbolen wie Punkten, Kreisflächen, Linien, Rechtecken usw. die zeitlichen Zusammenhänge und die numerischen Verhältnisse repräsentieren, so dass eventuelle Effekte im Verlauf der Zeitreihe bei deren Betrachtung erkennbar werden. Die Art der grafischen Darstellung muss hierbei den Verhältnissen in den Datenreihen möglichst genau entsprechen, d. h. es dürfen keine Daten weggelassen oder hinzugefügt werden, es sollten nicht einmal bestimmte Aspekte grafisch besonders betont oder andere Aspekte heruntergespielt werden. Wer gegen diese Grundsätze verstößt, läuft Gefahr, bewusst oder unbewusst die empirischen Resultate seiner pädagogischen Anstrengungen zu verfälschen. Eine solche Fälschung von Daten auf dem Wege der Datendarstellung ist nicht nur als Unehrlichkeit ethisch zu verurteilen, Fälschungen führen in aller Regel zu hohen Folgekosten. Stellen Sie sich vor, ein Team von Forscherinnen und Forschern würde über eine im Grunde erfolglose Intervention immer nur in geschönter Weise berichten: Viele Pädagoginnen und Pädagogen würden diese Intervention möglicherweise in ihre praktische Arbeit übernehmen, ihre und die Kraft ihrer Schülerinnen und Schüler damit verschwenden und doch – da die Erfolge ausbleiben – immer wieder sich oder gar die Lernenden für die mangelnde Effektivität verantwortlich machen. Ehrliche Berichtlegung ist also auch in der Pädagogik eine unverzichtbare Grundforderung, dies gilt für die wissenschaftlich orientierte Forschung ebenso wie für die praxisbegleitende Dokumentation und Analyse von Daten.

Die grafische Darstellung muss also die Rohdaten bzw. ausgesuchte Statistiken möglichst unverfälscht wiedergeben. Neben dieser Grundfunktion grafischer Darstellungen lassen sich nach PARSONSON und BAER (1978, S. 133-134) drei weitere Funktionen unterscheiden:

- Grafiken sollten Daten *detailliert beschreiben*. Sie sollten die Streubreite der Ausprägung der abhängigen Variablen und die Stabilität im zeitlichen Verlauf ebenso zeigen wie die zeitliche Abfolge von sich ungeplant ergebenden Ereignissen oder bewusst eingeführten Interventionen.
- Grafiken sollten Daten *übersichtlich zusammenfassen*. Sie sollten Auskunft geben über Beziehungen zwischen Messwertreihen, über zeitliche Entwicklungen und Trends und über die Auswirkungen von Ereignissen, besonders über die Wirksamkeit von Interventionen.
- Grafiken sollten Daten *analytisch darstellen*. Sie sollten die Interpretation der Daten vereinfachen.

Grafiken müssen also inhaltlich valide und sie sollten kommunikativ nutzbar sein, d. h. sie müssen gemessene Werte in unverfälschter Weise und sie sollten diese Werte in leicht verständlicher, deskriptiv reichhaltiger, zusammenfassender und ansprechender Weise visualisieren, damit sie schnell und leicht analysiert werden können (PARSONSON & BAER, 1978, S. 134). So ergibt sich als erstes Gütekriterium einer grafischen Darstellung deren Repräsentativität: Die Art der Visualisierung, ob z. B. Histogramm, Kreis- oder Liniendiagramm, muss zu der Natur der Daten passen; die räumliche Anordnung der Symbole und deren proportionale Größe darf nicht zu falschen Eindrücken führen. Bei der Gestaltung von Grafiken lassen sich nach PARSONSON und BAER (1978, S. 134) drei weitere Eigenschaften ins Auge fassen, damit Grafiken ihre kommunikative Funktion erfüllen:

- *Klarheit*: Messwerte sind als Datenpunkte, zusammenhängende Messwertreihen als verbundene Punktmuster darzustellen, damit sowohl jeder einzelne Datenpunkt wie auch die Zusammengehörigkeit der Daten verständlich mitgeteilt wird.
- *Einfachheit*: Pro Abbildung sollten nur zwei, höchstens drei Messreihen dargestellt werden, und die Dimensionierung des Koordinatensystems

sollte möglichst einfach sein. Zu viele Datenpunkte und Punktmuster und komplexe Transformationen der Rohdaten erschweren deren Verständnis.

- *Explizitheit*: Alle Teile einer Grafik, die Achsen des Koordinatensystems, die dargestellten Variablen, die Messwertreihen, markante Datenpunkte etc. sind kurz, verständlich und inhaltlich informativ zu beschriften.

Die meisten grafischen Darstellungen benutzen das kartesianische Koordinatensystem, das aus zwei linearen Achsen besteht, die sich im Nullpunkt treffen und die in einem rechten Winkel zueinander stehen. Auf der horizontalen Achse, auch Abszisse oder X-Achse genannt, wird für gewöhnlich die Unabhängige Variable abgetragen, in unserem Falle die Zeit und alle auf die Zeit bezogenen Ereignisse und Interventionen. Auf der vertikalen Achse, auch Ordinate oder Y-Achse genannt, wird für gewöhnlich die Abhängige Variable abgetragen, in unserem Fall die Leseleistungen der Kinder, gemessen als RWM, FWM und FZI. Für beide Achsen muss überlegt werden, welche Einheiten man wählt und wie man diese absolut und relativ zueinander darstellt; denn eine sorglose Umsetzung von Originaldaten in grafische Abbildungen kann später zu falschen Interpretationen führen. Wir müssen deshalb einige grundlegende Überlegungen zur Dimensionierung, Gestaltung und Beschriftung der beiden Achsen des Koordinatensystems anstellen.

Auf der horizontalen Achse wird die Zeit abgetragen. Da die Leseleistung täglich gemessen wird, sollte der Tag der Messung als Einheit gewählt werden; auf diese Weise kann man jeden gemessenen Wert grafisch darstellen und muss nicht vor der grafischen Umsetzung zwei oder mehr Messwerte zusammenfassen, wodurch Information verloren ginge. Alle ursprünglich erarbeiteten Informationen finden auf diese Weise Eingang in die Grafik. Es entsteht eine Intervallskala, für die gilt: Gleiche zeitliche Abstände werden durch identische räumliche Abstände visuell repräsentiert.

Nicht nur die Dimensionierung, auch die Beschriftung der horizontalen Achse erfordert etwas Nachdenken. Am naheliegendsten ist, die Ordnungszahl des Tages, an dem gemessen wurde, zu benutzen: Der erste Tag eines Übungsprogramms ist dann in der Grafik die Nummer 1, der zweite Tag die Nummer 2, der dritte Tag die Nummer 3 usw., unabhängig vom Wochentag und vom Datum und unabhängig davon, ob zwei Messungen unmittelbar aufeinanderfolgen oder ob zwischen diesen Messungen einer, zwei oder gar mehrere Tage lagen. Eine solche, rein ordinale Beschriftung der horizontalen Achse ist zwar besonders leicht zu lesen, kann jedoch, wie wir gleich sehen werden, wichtige Informationen verdecken und Anlass für Fehlinterpretationen sein. Stellen Sie sich vor, Sie haben an folgenden Tagen Leistungsmessungen vorgenommen, der Einfachheit halber protokollieren wir in Tabelle 5 nur die Werte RWM:

Datum	Wochentag	RWM
15.07.98	Do	52
16.07.98	Fr	55
17.07.98	Sa	-
18.07.98	So	-
19.07.98	Mo	31
20.07.98	Di (Feiertag)	-
21.07.98	Mi	49
22.07.98	Do	50
23.07.98	Fr	52

Tab. 5: Fiktive Daten für neun Tage, davon Messungen an sechs Tagen

Vergleichen Sie nun die beiden grafischen Umsetzungen in Abbildung 9: In der rein ordinalen Darstellung, die leicht zu lesen ist, wird ebenso wie in der kalendarischen Darstellung gezeigt, dass die Leseleistung am dritten Tag der Messung auf einen Tiefpunkt gefallen ist. Die kalendarische Darstellung bietet jedoch als zusätzliche Information die Anzahl der Tage, die zwischen einzelnen Messungen liegen, unterstützt durch kleine Striche zwischen den Datenpunkten, die direkt aufeinanderfolgende Messungen verbinden. Diese Informationen sind nicht unwichtig, denn alles Lernen braucht Zeit, auch das Lesenlernen, das als komplexe Entwicklungsaufgabe über lange Zeiträume erlernt und geübt werden muss. Eine kalendarische Darstellung kann helfen, zyklische Schwankungen zu erkennen, z. B. schwache Leistungen vor oder nach den Wochenenden, nach Feiertagen, nach den Ferien oder an bestimmten Wochentagen. Es wird häufig pädagogisch aufschlussreich sein, solchen Schwankungen nachzugehen. Wenn sich z. B. immer mittwochs relativ schwache Leistungen zeigen, kann dies am vorhergegangenen Unterricht oder an anderen Einflussgrößen liegen, die nur mittwochs wirksam sind.

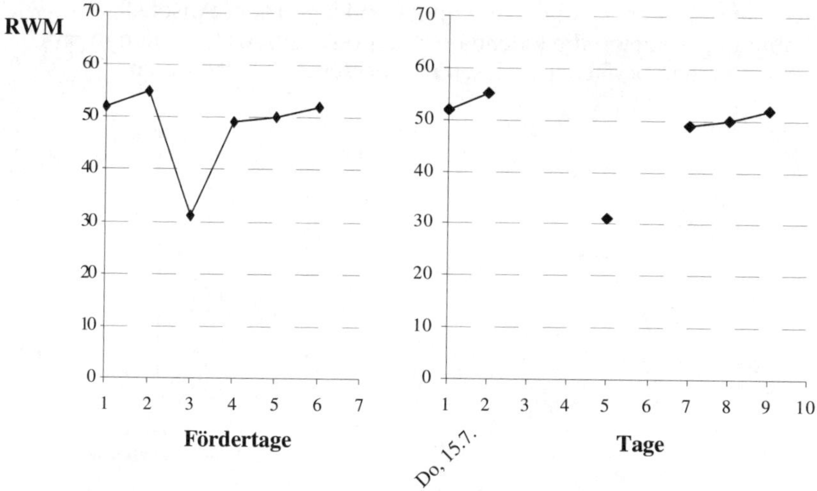

Abb. 9: Ordinale und kalendarische Darstellung identischer Leseleistungen an sechs Tagen innerhalb einer Messperiode von neun Tagen

Insgesamt ist die kalendarische Darstellung wegen der zusätzlichen Informationen zwar auf den ersten Blick ein wenig schwieriger zu lesen, bei etwas Gewöhnung jedoch ebenso einfach zu interpretieren wie die rein ordinale Darstellung. Sie sollten deshalb, solange keine anderen Gründe dem entgegenstehen, der kalendarischen Darstellungsweise in Ihren Praxisprojekten den Vorzug geben. Sie können dann nämlich auf der Zeitachse auch wichtige besondere Ereignisse symbolisch repräsentieren, die es bei der Dateninterpretation zu berücksichtigen gilt, wie z. B. Unterbrechungen der Intervention durch Ferien, lange Wochenenden oder Klassenfahrten oder markante Besonderheiten des Schullebens wie Schulfeste oder Praktika oder einschneidende Ereignisse im Privatleben des Kindes wie besonders geglückte oder missglückte Klassenarbeiten, familiäre Störungen, besondere Vorkommnissen in den Unterrichtspausen oder auf dem Schulweg.

Bevor wir die Dimensionierung und Beschriftung der vertikalen Achse näher betrachten, noch eine letzte Bemerkung zur Zeitachse: Wenn Sie kalendarisch vorgehen, repräsentiert die räumliche Anordnung der Datenpunkte von links nach rechts nicht nur die ordinalen Beziehungen, sondern auch insgesamt den Lauf der Zeit. Nun kann es vorkommen, dass man – meist um Platz zu sparen – die Zeitachse in der Grafik unterbricht, wenn längere Passagen zwischen einzelnen Messungen liegen. Dies ist zulässig, solange es grafisch deutlich angezeigt wird, kann jedoch zu Fehlinterpretationen verleiten und sollte deshalb nur bei besonders langen Pausen oder Ausfallzeiten angewendet werden. Ansonsten ist, wie Abbildung 10 zeigt, die kalendarisch repräsentative Darstellung von Unterbrechungen einfacher zu lesen und besser zu interpretieren.

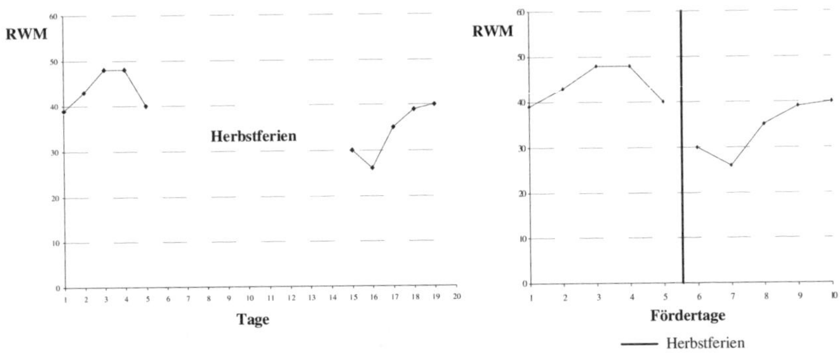

Abb. 10: Kalendarisch repräsentative und auf der Zeitachse verkürzte Darstellung von Leseleistungen an zehn Messtagen innerhalb einer Messperiode von 20 Tagen.

Auf der vertikalen Achse wird für gewöhnlich die Ausprägung der Abhängigen Variablen abgetragen, in unserem Falle die Leseleistungen FWM, RWM und FZI. Um die Lesbarkeit der grafischen Darstellung zu fördern, empfiehlt es sich, hier wie bei der Erfassung der Zeit Intervallskalenniveau anzustreben. Eine Skala hat Intervallskalenniveau, wenn sie äquidistant ist, d. h., ein numerisch gleicher Abstand zwischen zwei Messwerten muss in der Realität gleichen Abständen entsprechen, unabhängig vom Betrag der Messwerte. Der Abstand beispielsweise zwischen zwei Ausprägungen der Abhängigen Variable, die den Messwerten 20 und 27 entsprechen, muss in der Realität genau so groß sein wie der zwischen 1 und 8, 27 und 34 oder 120 und 127. Günstig ist, wenn auch ein absoluter Nullpunkt existiert, der sich sinnvoll interpretieren lässt, d. h. dem gemessenen Wert 0 muss auch eine Ausprägung des zu messenden Merkmals von Null entsprechen. In einem solchen Fall erreicht eine Skala Verhältnisskalenniveau, d. h., sogar die Verhältnisse zwischen Messwerten können sinnvoll interpretiert werden: Zwischen den Messwerten 6, 12 und 18 gelten nun nicht nur gleiche Distanzen, sondern es gilt auch, dass der Messwert 18 gegenüber dem Messwert 6 in der Realität der dreifachen Ausprägung des zu messenden Merkmals entspricht.

Wirklich äquidistante Skalen sind in der angewandten Forschung in Pädagogik und Psychologie nur selten zu finden. Zur Operationalisierung von RWM und FWM haben wir im zweiten Kapitel vorgeschlagen, schlicht und ergreifend die richtig und die falsch gelesenen Wörter zu zählen und durch die Lesezeit zu teilen. Dies ist eine Vereinfachung, weil messtechnisch alle Wörter gleich behandelt werden, unabhängig davon, ob sie lang oder kurz, schwierig oder leicht zu lesen sind. Offensichtlich sind die Wörter *Eis* und *Eisenbahnwaggon* unterschiedlich lang, denn das zweite Wort besteht aus fünf mal so vielen Buchstaben wie das erste, und höchst wahrscheinlich ist das zweite Wort weitaus schwieriger zu lesen als das erste. Dennoch werden beide Wörter gemäß dem im zweiten Kapitel vorgeschlagenen Verfahren gleich gezählt. Man könnte einwenden, das sei nicht korrekt, denn das zweite Wort zu lesen braucht mehr Zeit, mehr Können, mehr Anstrengung. Man könnte zusätzlich einwenden, dass ein technischer Text über die Eisenbahn wahrscheinlich viele lange und schwierig zu lesende Wörter enthält, was in jedem Fall das Lesetempo reduzieren dürfte, während ein Kinderbuchtext über Eis nur wenige solche Wörter enthalten wird und folglich leichter und schneller gelesen werden kann. Solche Unterschiede werden, wenn man einfach nur Wörter zählt, verdeckt. Wenn man das effektive Lesetempo messen will, sollte man vielleicht besser gelesene Buchstaben oder Silben zählen?

Grundsätzlich sind solche Argumente richtig, und Sie sollten sich nicht davon abhalten lassen, das Lesetempo Ihrer Schülerinnen und Schüler in Silben zu messen, wenn Sie dies für richtiger halten – eine Vorgehensweise, die sich vor allem bei sehr langsam lesenden Kindern empfiehlt, weil sie Leistungssteigerungen sensitiver abbildet als die Wortzählung. In der Praxisforschung wirken sich die gerade vorgebrachten Argumente jedoch nicht so gravierend aus, wie es auf den ersten Blick scheinen mag: Sinn und Zweck der Eingangsdiagnose ist, wie gesehen, das Kind zunächst so im Programm zu plazieren, dass es Texte liest, deren lesetechnische Schwierigkeit seiner Lernausgangslage weitestgehend entspricht. Hat man das Instruktionsniveau gefunden, wird man vergleichbare Texte auswählen. Zwar wird es in dem einen Text etwas mehr lange und schwierige Wörter geben als in dem anderen Text, aber die Unterschiede werden nie so krass sein wie zwischen einem Kurztext aus einem Kinderbuch und einem Artikel aus einem technischen Handbuch; solche Texte stammen aus inhaltlich, stilistisch und lesetechnisch äußerst unterschiedlichen Textgruppen und kommen in Lesebüchern und pädagogisch orientierten Textsammlungen nicht nebeneinander vor. Die weiter oben vorgeschlagenen Maße FWM und RWM sind also keine völlig äquidistanten Maße, aber sie stellen sehr gute Annäherungen an äquidistante Messwerte dar; denn man kann sie interpretieren im Sinne von »falsch vs. richtig gelesene Wörter durchschnittlicher Wortlänge von Texten dieses oder jenes Schwierigkeitsniveaus«, und die durchschnittliche Wortlänge lässt sich, wie gesehen, durchaus ermitteln und zur Orientierung angeben. Für Zwecke der unterrichtsbegleitenden Kontrolle dürfte eine solche Annäherung an das Intervallskalenniveau ausreichen, denn bei der Praxisforschung muss man fast immer einen Kompromiss finden zwischen Präzision einerseits und Aufwand und Handhabbarkeit andererseits. Außerdem ist in unserem Messverfahren sogar der Nullpunkt inhaltlich sinnvoll bestimmt, denn der Messwert 0 FWM bedeutet z. B., dass das Kind in dem Messintervall kein einziges Wort fehlerhaft gelesen hat.

Die Anzahl der korrekt bzw. fehlerhaft gelesenen Wörter pro Minute lässt sich also, ohne mathematische Transformationen vornehmen zu müssen, direkt in die Grafik eintragen, denn es handelt sich um einfache relative Häufigkeiten, die vergleichsweise leicht zu interpretieren sind. Man kann durchaus sagen, wer 100 Wörter pro Minute liest, lese etwa doppelt so schnell wie jemand, der 50 Wörter pro Minute liest, auch wenn dies – bezogen auf die Wortlänge – eine Vereinfachung darstellt. Der besseren Orientierung willen sollten Sie auf der Y-Achse nur einzelne Positionen beschriften, z. B. nur die vollen Zehnerzahlen, und der Wertebereich der Y-Achse sollte in etwa dem empirisch ermittelten Wertebereich entsprechen (s. u., Abbildung 11); das dürfte in etwa der Wertebereich von 0 bis 110/120 sein.

Da den beiden Datenreihen FWM und RWM die gleiche Metrik, nämlich Anzahl der gelesenen Wörter, zugrunde liegt, lassen sich beide Werte durchaus gleichzeitig in einer Grafik darstellen; um Verwechselungen zu vermeiden, sollten Sie die Werte für RWM respektive FWM jedoch mit unterschiedlichen Symbolen darstellen. Das ist vor allem dann wichtig, wenn die beiden Leistungskurven ähnliche Werte annehmen oder sich gar kreuzen, was bei besonders schwachen Leserinnen und Lesern oder bei besonders schwierigen Texten durchaus vorkommen kann. So können Sie durch die simultane Darstellung beider Leistungskurven nicht nur die Anzahl der grafischen Abbildungen gering halten, sondern Sie behalten beide Aspekte der Leseleistung im Blick und können prüfen, ob eine Steigerung der Lesegeschwindigkeit auf Kosten der Lesegenauigkeit erfolgt.

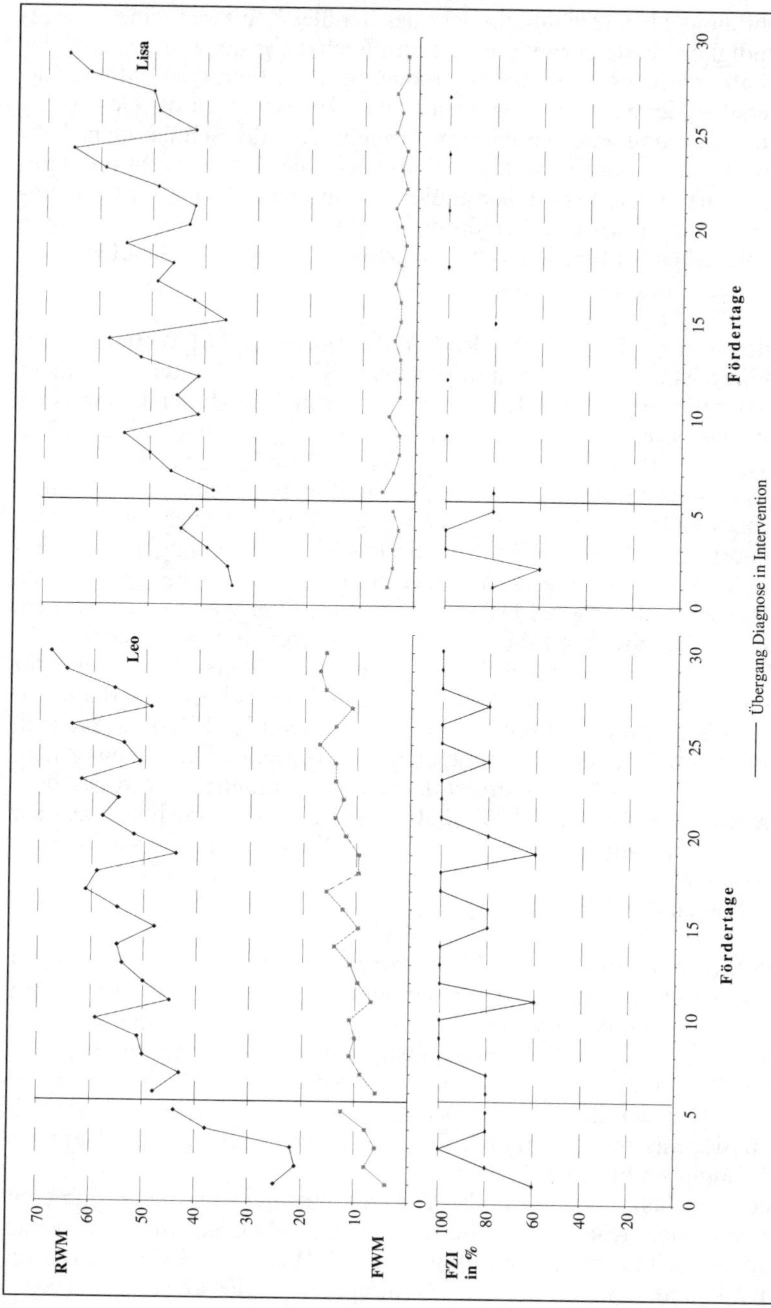

Abb. 11: Zwei unterschiedliche Muster der Leseleistungsentwicklung in zeitlich und metrisch einheitlicher Darstellung

In Abbildung 11 wird deutlich, dass der Schüler Leo zwar seine Lesegeschwindigkeit zu steigern vermag, aber gleichzeitig steigt die Anzahl der fehlerhaft gelesenen Wörter fast um den gleichen Betrag an. Offensichtlich versucht der Schüler, möglichst schnell zu lesen, aber die Geschwindigkeitssteigerung wird nur dadurch erreicht, dass der Schüler mehr Fehler macht – hier wäre vermutlich eine Änderung der Intervention angebracht. Ganz anders Lisa: Die Schülerin steigert allmählich ihr Lesetempo, hält dabei jedoch ihre Fehlerrate konstant bzw. kann sie sogar noch etwas absenken – offensichtlich eine erfolgreich lernende Schülerin und eine gut gewählte Intervention.

Die gleichzeitige Darstellung der FWM- und der RWM-Werte in einer Abbildung ist also auch aus interpretativer Sicht von Vorteil, aber mehr als zwei Abhängige Variablen sollten Sie nur in Ausnahmefällen in einer Grafik realisieren, weil die Darstellung sonst schnell überladen wirken und schwer zu verstehen sein kann. Falls Sie auch Fragen zum Inhalt des Textes gestellt haben, müssen Sie die Ergebnisse in jedem Fall in einer gesonderten Grafik visualisieren, weil die FZI-Werte einer anderen Metrik unterliegen als die FWM- und die RWM-Werte. Letztgenannte sind Häufigkeiten pro Minute, d. h., jeder numerisch mögliche, ganzzahlige Wert zwischen 0 und etwa 110 bis 120 kann realiter vorkommen. Höhere Werte werden Sie nur sehr selten messen, weil die durchschnittliche Wortlänge im Deutschen verglichen mit dem Angloamerikanischen oder mit romanischen Sprachen relativ groß ist und lautes Lesen oberhalb 110 oder 120 Wörtern pro Minute kaum noch sinnvoll ist. FZI-Werte jedoch sind Prozentwerte, deren Wertebereich zwei Einschränkungen unterliegt:

- Der unterste mögliche Wert ist 0, der oberste mögliche Wert ist 100.
- Die zwischen Null und 100 möglichen Werte bestimmen sich aus der Anzahl der zum Inhalt des Textes gestellten Fragen. Es können nur Werte vorkommen, die sich als Vielfache des Quotienten 100 : Anzahl der Fragen darstellen lassen.

Wenn Sie dem Kind also fünf Fragen pro Text stellen, ist der Quotient 100 : 5, das ergibt 20, und es können nur die Werte 0, 20, 40, 60, 80 und 100 Prozent gemessen werden, das entspricht 0, 1, 2, 3, 4 oder 5 korrekt beantworteten Fragen. Bei vier Fragen pro Text können nur die Prozentwerte 0, 25, 50, 75 und 100 vorkommen, bei drei Fragen 0, 33, 67 und 100 usw., so dass sich die folgende Vorgehensweise empfiehlt: Im Idealfall stellen Sie jedes mal gleich viele Fragen zum Inhalt des Textes, damit Sie durchgängig im gleichen Wertebereich messen.
Ist dies gegeben, können Sie die Y-Achse entsprechend dimensionieren und beschriften, wie das in Abbildung 11 geschehen ist. Auf diese Weise zeigen Sie schon in der Grafik an, welche Werte überhaupt gemessen werden konnten und erleichtern die Interpretation der Leistungskurve.

Besonders gut lesbar wird Ihre Darstellung, wenn Sie die X-Achse Ihrer FZI-Grafik genau so dimensionieren wie die der Grafik zur Darstellung der FWM- und RWM-Werte; dann können Sie nämlich wie in Abbildung 11 beide Darstellungen untereinander abbilden, was die Interpretation aller Daten erleichtern dürfte, besonders dann, wenn nur gelegentlich Fragen zum Inhalt des gelesenen Textes gestellt wurden, was in der Praxis nicht selten vorkommt; denn wenn man einen Text einmal mit einem Kind gelesen und dessen Inhalt erarbeitet hat, erübrigt sich im Allgemeinen bei Wiederholungsübungen eine erneute Überprüfung der Inhaltserfassung. Abbildung 11 zeigt durch die unverbundenen Punkte, dass bei Lisa in der Interventionsphase genau so vorgegangen wurde.

Sie sehen, es ist gar nicht so schwierig, praxisbegleitend erhobene Messungen grafisch so umzusetzen, dass sie repräsentativ und detailgetreu dargestellt und übersichtlich zusammengefasst werden. Wenn Sie sich mit der Darstellung der Leseleistungskurven etwas Mühe geben, werden Sie bestimmt dafür belohnt: Sie können den Lernverlauf und die Ergebnisse Ihrer pädagogischen Bemühungen verständlich dokumentieren und kommunizieren, zum einen dem lernenden Kind gegenüber, das bei der Besprechung seiner Leseleistungskurve manchmal schon nach wenigen Tagen über seine Lernentwicklung und über mögliche Störfaktoren zu reflektieren weiß, zum anderen den Eltern und Erziehungsberechtigten oder anderen relevanten Bezugspersonen gegenüber.
Gleichzeitig vereinfacht eine sorgfältig angelegte Visualisierung die Analyse der von Tag zu Tag erhobenen Daten und erleichtert Ihnen und dem von Ihnen begleiteten Kind die selbstkritische Beurteilung der gemeinsamen Anstrengungen; denn schließlich ist die lernprozessbegleitende Messung, tabellarische Erfassung und grafische Visualisierung von Leseleistungen im Rahmen des hier entwickelten Konzeptes kein Selbstzweck, sondern zentrale Komponente des Programms. Die Kinder sollen möglichst intrinsisch motiviert lesen, d. h., sie sollen aus Einsicht in die Notwendigkeit des Lesenkönnens, aus Interesse an den Lesetexten und aus Freude über die redlich erarbeiteten Übungserfolge lernen.

4 Praktische Erfahrungen in exemplarischen Förderversuchen

Stephanie Kronenbitter

In den vorhergehenden Kapiteln haben Sie erfahren, welche theoretischen Überlegungen dem hier vorgestellten Rahmenkonzept zugrunde liegen und wie es sich idealerweise realisieren lässt. Wie nun aber gestaltet sich die Durchführung in der schulischen Praxis? Dies soll anhand der nachfolgenden Darstellung ausgewählter Förderversuche, die an einer Sonderschule für Lernbehinderte durchgeführt wurden, exemplarisch verdeutlicht werden. In Kapitel 4.1 wird Ihnen zunächst Einblick gegeben in den Gesamtverlauf der Förderung, die Ausführungen in Kapitel 4.2 bringen Ihnen eine von vielen Möglichkeiten der Gestaltung der täglichen Einzelförderungen näher und in Kapitel 4.3 wird anhand der Lernverläufe ausgewählter Kinder aufgezeigt, wie sich deren Lesevermögen während einer längerfristigen Förderung weiterentwickelt hat und welche Schwierigkeiten sich auf diesem Wege ergeben haben.

4.1 Rahmenbedingungen und Gesamtverlauf

In der Überschrift und der Einleitung zu diesem Kapitel sprechen wir von »exemplarischen Förderversuchen«. Was genau ist an dieser Stelle damit gemeint? In den nachfolgend dargestellten Fallbeispielen wurde versucht, die Förderung des flüssigen Lesens gemäß dem in den ersten Kapiteln entwickelten Rahmenprogramm durchzuführen, die Förderung zugleich aber auch den Anforderungen der konkret vorgefundenen Praxisbedingungen anzupassen.
So gesehen stellt jedes unserer Fallbeispiele einen einzelnen Versuch dar, diese beiden Anliegen in der individuellen Förderung sinnvoll miteinander zu vereinbaren. Exemplarisch sind die Förderversuche, über die in diesem Kapitel berichtet wird, nicht, weil sie geradezu »beispielhaft« gelungen wären. Sie verdeutlichen vielmehr in exemplarischer Weise den typischen Verlauf einer Förderung in der schulischen Praxis, der durch Erfolge bzw. Mißerfolge, unerwartete Schwierigkeiten und überraschende Lösungen gekennzeichnet ist, aber auch jede Menge praktische Erfahrungen liefert. Diese sollen nachfolgend an Sie weitergegeben werden.

Wie nun kann eine Förderung gemäß dem Rahmenkonzept »Besser lesen mit System« durchgeführt und gestaltet werden? – Zunächst hat sich die Verfasserin in einem ersten Schritt für die Auswahl der zu fördernden Schüler zwei, drei Tage Zeit genommen, um am Unterricht teilzunehmen und Gespräche mit den Klassenlehrern zu führen, oder auch um in unsicheren Fällen probeweise Texte mit den Schülerinnen zu lesen. So sollte sichergestellt werden, daß die Förderung flüssigen Lesens für den jeweiligen Schüler wirklich angezeigt ist. Wenn eine Schülerin z. B. eher auf der Ebene der Phonem-Graphem-Zuordnung Schwierigkeiten hat, oder ein Schüler zwar flüssig liest, aber das Textverständnis nicht gelingt, sollte zwar auch eine direkte Förderung erfolgen, diese muß jedoch auf den jeweils spezifischen Problembereich beim Lesen abzielen, wie z. B. das Textverständnis; denn »Besser lesen mit System« ist, wie in Kapitel 3.1 deutlich geworden ist, kein universelles, bei allen Lernenden und allen Leseschwierigkeiten gleichermaßen einsetzbares »Wundermittel«. Das hat sich auch im Rahmen dieser Förderversuche gezeigt: Ein Schüler, der ursprünglich für die Förderung vorgesehen war, zeigte sich in der Diagnosephase durchaus dazu in der Lage, einen Text flüssig zu lesen, jedoch gelang ihm die Sinnentnahme des Gelesenen bzw. das Textverständnis so gut wie gar nicht. Dieser Schüler benötigte also ein direkte Förderung auf der Ebene des Wort- bzw. Textverstehens, die jedoch im Rahmen des hier vorgestellten Programms aus praktischen Gründen nicht geleistet werden konnte.

Neben der Indikation für die Förderung wurde auf die freiwillige Teilnahme der Schülerinnen und Schüler geachtet, was sich im Verlauf der darauffolgenden Wochen als hilfreich erwiesen hat, da bei Motivationsschwierigkeiten auf diese Freiwilligkeit zu Beginn der Förderung verwiesen werden konnte. Voraussetzung für eine solche Vereinbarung war natürlich, daß die Schülerinnen zu Beginn der Förderung über das Übungsprogramm ausführlich informiert wurden. Dies war u. a. auch nötig, da einzelne Schüler immer wieder nachfragten, ob es denn für die Zeit des gemeinsamen Lesens auch Noten geben würde.

Mit den insgesamt vier ausgewählten Schülerinnen und Schülern, für die laut Empfehlung der Lehrerin und nach eigenen Leseproben sowohl eine Indikation vorlag, als auch eine freiwillige Teilnahme gegeben war, fand täglich in den ersten beiden Schulstunden (gegebenenfalls auch noch in der 3. Stunde) Leseförderung in einem separaten Raum der Schule statt, die in Einzelunterricht erteilt wurde und je Kind etwa 20 Minuten dauerte.

In der ersten Sitzung zu Beginn der Diagnosephase wurden die Lernenden nochmals genau über das Leseförderprogramm informiert und noch offene Fragen wurden geklärt, so z. B., wozu die Stoppuhr benötigt wird.

In der Diagnosephase, die je nach Kind zwischen 6 und 10 Sitzungen dauerte, wurden den Schülerinnen und Schülern Texte vorgelegt, die von der Verfasserin in der Tendenz eher für zu leicht erachtet wurden, um so zunächst ein Erfolgserlebnis sicherzustellen und allzu frühe Frustrationen zu vermeiden. Die Schüler waren an der Auswahl der Texte insofern beteiligt, als ihre Vorlieben bezüglich des Textinhalts soweit möglich berücksichtigt wurden und sie nach dem ersten Lesen entscheiden konnten, ob sie eine Geschichte weiter lesen wollten. Im weiteren Verlauf der Diagnose wurde durch weitere Leseproben das Instruktionsniveau der Schülerinnen und Schüler ermittelt und durch das Lesen von zwei bis drei Texten mit ähnlicher Schwierigkeit entweder bestätigt oder gegebenenfalls modifiziert. Bei einigen Schülerinnen wurden einzelne Texte in der Diagnosephase noch ein zweites mal gelesen, um festzustellen, ob bei einmaliger Wiederholung bereits ein Übungseffekt zu verzeichnen ist, z. B. durch einen höheren RWM-Wert bei gleichbleibendem oder sinkendem FWM-Wert. Wenn zwei bis drei Texte mit vergleichbarer Schwierigkeit vom Schüler auf Instruktionsniveau gelesen worden waren, wurde die Diagnosephase beendet. Die Förderung wurde begonnen mit einem neuen Text auf vergleichbarem Schwierigkeitsniveau, bei einigen Schülerinnen und Schülern auch mit dem in der Diagnosephase zuletzt gelesenen Text, um den Start in die Übungsphase zu erleichtern.

In der ersten Sitzung der sich anschließenden Interventionsphase wurde mit den Schülern die Lernverlaufskurve und die Bedeutung der Lesewerte RWM, FWM und FZI besprochen. Die Schüler, so sollte sich im Laufe der Intervention zeigen, gewöhnten sich schnell an die Lernverlaufskurve und das Eintragen der Werte, an den immer gleichen Ablauf der Fördersitzungen (s. u.). Sie entwickelten schnell eine Routine, die den Ablauf für alle Beteiligten erleichterte.

Da die Förderversuche im Rahmen einer Studienabschlußarbeit durchgeführt wurden, war der Förderzeitraum insgesamt auf gut 12 Wochen begrenzt. Diese waren zweigeteilt in jeweils 6 Wochen (30 Fördertage) vor und nach den zweiwöchigen Weihnachtsferien, was sich auch an den Untersuchungsergebnissen bzw. den Daten zum Förderverlauf ablesen läßt (vgl. Kapitel 4.3). Zum Abschluß der ersten 30 Fördertage wurde von der Verfasserin angeregt, am letzten Schultag vor den Ferien einen von den Schülerinnen und Schülern geübten Text in der Klasse vorzulesen, was der Förderung für diesen Zeitraum eine ganz eigene Motivation und Dynamik verlieh. Drei der Schülerinnen, die in einer Klasse waren, haben sogar einen in drei Abschnitte geteilten Text geübt und in »Team-Arbeit« ihren Mitschülern vorgelesen. Diese erste Präsentation der eigenen Erfolge vor der ganzen Klasse zur »Halbzeit« der Leseförderung hat neben der erhöhten Motivation das Selbstbewußtsein der Schüler gestärkt und sie für ihr Durchhaltevermögen belohnt. Eine ähnliche Funktion erfüllten auch die zum Abschluß der Förderung an die Schüler überreichten »Geschichtenbücher«, in denen alle vom jeweiligen Schüler während der Leseförderung gelesenen Geschichten zusammengestellt und gebunden waren: die Schülerinnen hielten ein greifbares Ergebnis ihrer Arbeit in den Händen. Der Schüler Konrad kommentierte dies recht ungläubig: »Das habe ich alles gelesen!?«.

4.2 Praktisches Vorgehen

Wie nun läßt sich eine Fördersitzung in der Diagnose- oder Interventionsphase gestalten? – Während der Diagnose wurde in jeder Sitzung je ein Text vom Schüler laut vorgelesen, während die Lehrerin mit Hilfe einer Stoppuhr und einer Textkopie zum Mitlesen und Protokollieren die Anzahl der nach 2 Minuten richtig und falsch gelesenen Worte ermittelte. Wenn einige Wörter oder Textabschnitte unklar oder unbekannt waren, wurden diese mit dem Schüler besprochen und im Anschluß daran die Fragen zum Inhalt (FZI) gestellt, so daß die Sitzungen in der Diagnosephase in der Regel nicht länger als 10-15 Minuten dauerten.

Eine Fördersitzung in der Interventionsphase umfaßte durchschnittlich 20-25 Minuten konzentriertes Arbeiten, wobei die Dauer abhängig war von der Textlänge, die von Schüler zu Schülerin und von Text zu Text variierte. Zu Beginn jeder Sitzung wurde der Text einmal komplett vom Kind gelesen, wobei die Verfasserin soweit nötig Hilfestellung gab. Sehr lange Texte wurden danach zweigeteilt und die Abschnitte immer im Wechsel gelesen, oder aber auch in zwei Teilen nacheinander bearbeitet. Wenn der gelesene Text neu war, schloss sich eine kurze Besprechung des Inhaltes an, in der auch die Fragen der Schülerinnen und Schüler zum Text beantwortet oder unbekannte Wörter geklärt werden konnten, dann wurden die Fragen zum Inhalt des Textes (FZI) gestellt. Nach wenigen Fördersitzungen ist die Verfasserin dazu übergegangen – auch durch eine Anregung der Schüler – die Fragen zum Inhalt nur so lange zu stellen, bis sie in drei aufeinanderfolgenden Sitzungen alle richtig beantwortet worden waren. Spätestens zu diesem Zeitpunkt, so stellte sich im Verlauf der Förderung heraus, hatten die Schülerinnen ohnehin die Antwort parat, bevor die Lehrerin ihre Frage bis zum Ende stellen konnte.

Im Anschluss an die Fragen zum Inhalt wurden anhand der Lernkurve die Lesewerte (RWM, FWM) vom letzten Fördertag mit dem Schüler besprochen, das Kriterium für einen neuen Text in Erinnerung gerufen und gemeinsam überlegt, was der Schüler sich für heute vornehmen will. Bei einem neuen Text wurde das Kriterium für die RWM- und FWM-Werte nicht gleich am ersten Tag besprochen und festgelegt, um so den Schülerinnen, aber auch der Lehrerin die Möglichkeit zu geben, die erste Entwicklung der Lesewerte in diese Entscheidung einzubeziehen. Spätestens in der dritten Sitzung zu dem betreffenden Text mußte das Kriterium jedoch festgelegt sein.

Nachdem also die »Leseziele« für die entsprechende Fördersitzung besprochen waren, lasen die Schülerinnen und Schüler genau 2 Minuten aus dem jeweiligen Text laut vor, wobei die Lehrerin die fehlerhaften Worte und die Anzahl der richtig gelesenen Wörter wie auch in der Diagnosephase mitprotokollierte. Der jeweils zu lesende Textabschnitt wechselte von Sitzung zu Sitzung, d. h., ein neuer Text wurde von Beginn an gelesen, und danach wurde immer mit dem Satz begonnen, bei dem der Schüler in der vorhergehenden Fördersitzung nach 2 Minuten angelangt war. So war das sogenannte »Lesen auf Zeit« für die Kinder abwechslungsreicher, und, was noch viel entscheidender für dieses Vorgehen sprach: Alle Abschnitte des Textes, die bezüglich der abgeschätzten Schwierigkeit nicht immer identisch waren, wurden in die Ermittlung der Lesewerte einbezogen. Die Schülerinnen und Schüler gewöhnten sich sehr schnell an dieses auf den ersten Blick etwas komplizierte Verfahren und wußten immer sehr genau, an welcher Stelle sie am Vortag angelangt waren, und wo sie nun weiterlesen müssen.

Nachdem die beim Lesen auf Zeit ermittelten Lesewerte (RWM, FWM) ausgezählt waren, wobei einige der Schüler und Schülerinnen sehr gerne mithalfen und aufpassten, daß ihrer Lehrerin kein Fehler unterlief, wurden die Lesewerte gemeinsam mit dem Kind in die Lernkurve eingetragen und kurz besprochen.

Wenn ein Text fünf mal geübt worden ist, ohne dass das gemeinsam festgelegte Kriterium erreicht wird, sollte gemäß der Rahmenkonzeption »Besser lesen mit System« zu einem neuen Text übergegangen werden. Da jedoch einige der Kinder bei einzelnen Texten gerne weiter lesen wollten, wurde dieser Empfehlung nicht immer gefolgt. Stattdessen wurde von der Lehrerin die Regelung eingeführt, dass ein Text bis zu acht mal gelesen werden konnte, wenn der Schüler oder die Schülerin dies wollte. Außerdem wurde den Kindern angeboten, nach mehr als fünfmaligem Lesen das Kriterium jederzeit einmal senken oder aber auch anheben zu können, wenn dieses vielleicht für den jeweiligen Text zu hoch oder zu niedrig angesetzt worden war. Nach achtmaligem Lesen allerdings wurde in jedem Fall ein neuer Text begonnen. Die Schülerinnen und Schüler haben sich auch an diese Regelung sehr schnell gewöhnt und davon auch ohne den ausdrücklichen Hinweis der Lehrerin eigenverantwortlich Gebrauch unterbreiteten, indem sie z. B. von sich aus den Vorschlag machten, nach sechsmaligem Lesen einen neuen Text anzufangen oder das Kriterium zu senken.

4.3 Entwicklung der Lesefertigkeit einzelner Kinder

Wie nun hat sich die Lesefertigkeit der geförderten Schülerinnen und Schüler während der 12 Wochen systematischer Übung weiterentwikkelt? Im folgenden werden die Fortschritte, aber auch Erschwernisse auf dem Weg dorthin sowie kleinere Rückschritte anhand der Leseleistungskurven dokumentiert und erläutert. Aus didaktischen Gründen werden nachfolgend lediglich drei der vier durchgeführten Förderversuche dargestellt. Da die ausgewählten Fallbeispiele Konrad, Miriam und Nicole die gleiche Klasse besuchen, ist so auch eher eine interindividuelle Vergleichbarkeit der Lernverläufe gewährleistet.

4.3.1 Konrad

Konrad ist ein 13jähriger Junge aus der 8. Klasse. Er hat im Rahmen dieser Förderung an insgesamt 50 Sitzungen teilgenommen. Mit seinen lediglich ausreichenden Leseleistungen hat er einen deutlichen Förderbedarf aufzuweisen; gleichzeitig bringt er die Bereitschaft zur Teilnahme mit. Konrad war in der Regel sehr motiviert und bemüht, die gemeinsam mit der Lehrerin festgelegten Förderziele zu erreichen, was ihm – von kleineren Frustrationen abgesehen – gut gelungen ist. Die nachfolgende Abbildung gibt die Entwicklung der Lesegeschwindigkeit (RWM), der Lesegenauigkeit (FWM) und der Sinnentnahme (FZI) Konrads für die gesamte Dauer der Förderung wieder. Darüber hinaus gehen aus dieser Graphik der Wechsel von der Diagnose zur Intervention, die jeweiligen Textwechsel und der Zeitpunkt der Ferienunterbrechung hervor (alles drei gekennzeichnet durch senkrechte Linien).

Abb. 12: Leseleistungskurve von Konrad

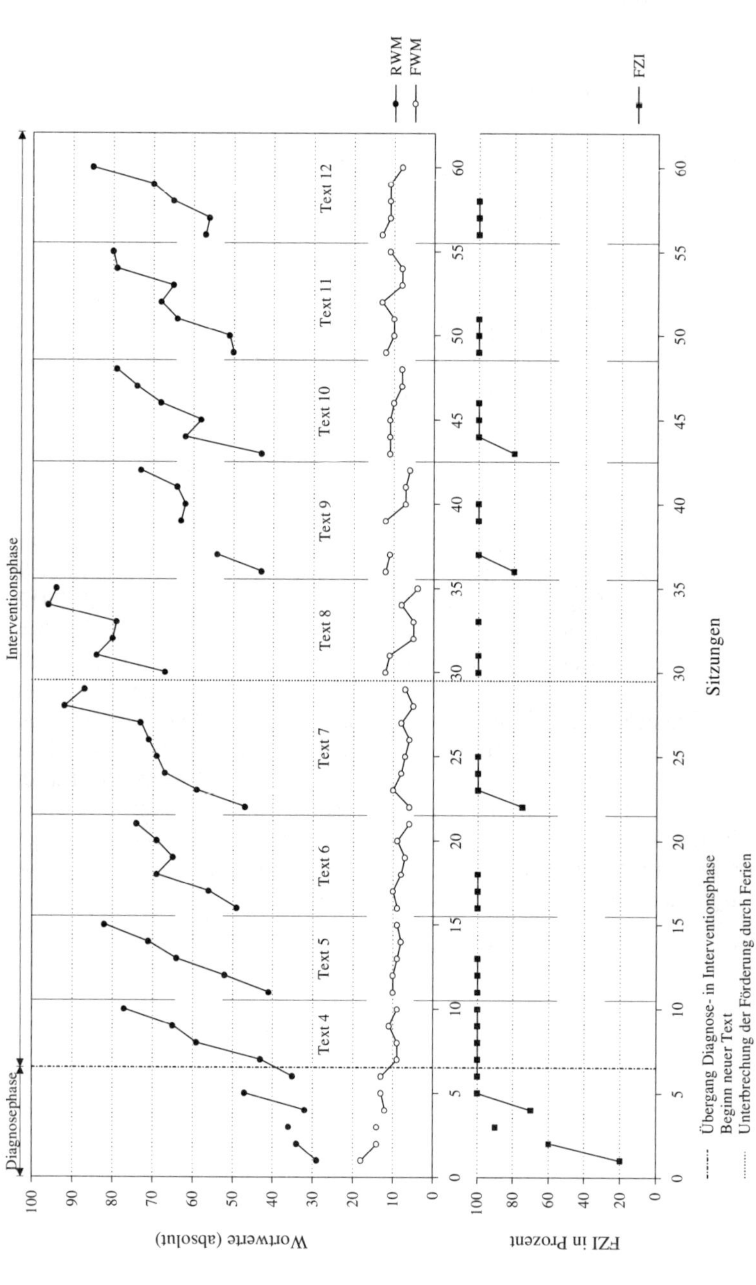

In der acht Sitzungen umfassenden Diagnosephase las Konrad insgesamt fünf Texte, bis eine Passung zwischen der individuellen Lernausgangslage und dem Schwierigkeitsniveau der Texte hergestellt war und mit der Intervention begonnen werden konnte. Diese Texte finden Sie in Tabelle 6 in der Reihenfolge ihrer Bearbeitung dargestellt. Angegeben ist der Titel, die Klassenstufe (Schulform), für die das Lesebuch, aus dem der Text entnommen wurde, vorgesehen ist, die Werte zur Abschätzung der lesetechnischen Schwierigkeit (DWL, DSL, TTR-Index), die Textlänge in Worten sowie die Anzahl der Sitzungen, in denen der Text bearbeitet wurde.

Text Nr.	Titel des Textes	Klasse (Schulform)	DWL	DSL	TTR-Index	Textlänge in Worten	Anzahl der Sitzungen
1	Warum das Schwein weinte	5. (SfLb)	5,1	12,1	0,79	145	2
2	Die Geschichte von den billigen Einkaufsnetzen	3./4. (SfLb)	5,8	12,2	0,75	122	2
3	Die Geschichte vom gehorsamen Jungen	5. (SfLb)	5,2	8,7	0,64	208	1
4	Niki will Geld verdienen	5. (SfLb)	5,1	7,9	0,67	205	2
5	Warum gehen wir in die Schule ?	5. (SfLb)	5,1	9,4	0,66	169	1

Tab. 6: Übersicht über die von Konrad in der Diagnosephase gelesenen Texte

Während der Interventionsphase vor den Ferien hat Konrad drei Texte (Texte 6, 7 und 8 in Tabelle 7) gelesen, die bezüglich der Werte zur Abschätzung der lesetechnischen Schwierigkeit als vergleichbar bzw. minimal leichter einzuschätzen waren als die in der Diagnosephase auf Instruktionsniveau gelesenen Texte (vgl. Tabelle 7). Bei jedem dieser drei Texte konnte Konrad eine durchgehende Steigerung der RWM-Werte erreichen, wenn man jeden Text für sich betrachtet. Nur am 22. Untersuchungstag war ein Einbruch der RWM-Werte zu verzeichnen, für den es keine eindeutige Erklärung gab. Das Anfangsniveau der RWM-Werte, auf dem die Texte in der jeweils ersten Sitzung gelesen wurden, stieg ebenfalls an (vgl. Abbildung 12), so dass nicht nur für jeden gelesenen Text ein Übungseffekt konstatiert werden kann, sondern der Schüler hat seine Lesegeschwindigkeit sogar insgesamt gesteigert.

Text Nr.	Titel des Textes	Klasse (Schulform)	DWL	DSL	TTR-Index	Textlänge in Worten	Anzahl der Sitzungen
6	Der Sandsturm	5. (SfLb)	4,8	7,0	0,58	244	6
7	Jörg hat Angst	5. (SfLb)	4,8	9,2	0,63	258	6
8	Der doppelte Weihnachtsmann – Teil 2	–	5,1	9,1	0,54	472	6
9	Kluger Hund, blödes Pferd	5. (SfLb)	4,6	11,5	0,57	401	1
10	Die Geschichte von der Maus im Laden	5. (SfLb)	4,5	12,2	0,44	220	4
11	Der Elefantenbetrüger	6. (SfLb)	5,1	13,3	0,69	249	4
12	Die Geschichte vom Schaumbad	2. (GS)	5,0	13,1	0,65	209	5
13	Der bewegliche Bürgersteig	6. (SfLb)	5,3	18,8	0,66	207	5
14	In der Stadt	7. (SfLb)	5,2	11,5	0,67	323	5
		Mittelwert	4,9	11,7	0,60	287,0	4,7

Tab. 7: Übersicht über die von Konrad in der Interventionsphase gelesenen Texte

Konrad konnte nach den Ferien noch sechs weitere Texte bearbeiten (Texte 9 bis 14 in Tabelle 7). Zu Beginn dieser zweiten Phase der Intervention wurde von der Verfasserin zunächst ein Text mit anzunehmend geringer Schwierigkeit herausgesucht, damit die Schüler sich »warmlesen« konnten, wobei sich Text 9, der nur in einer Sitzung (30. Untersuchungstag) gelesen wurde, trotz entsprechender Werte (DWL, DSL, TTR-Index) als lesetechnisch zu schwierig herausgestellt hat. Daher wurden am 30. Untersuchungstag keine Lesewerte für Konrad erhoben (vgl. Abbildung 12). Daraufhin wurde ein neuer Text ausgesucht, der sich zwar bezüglich der Werte DWL und DSL nur minimal von Text 9 unterschied, aber einen deutlich niedrigeren TTR-Index aufzuweisen hatte (vgl. Tabelle 7). Dieser Text zeigte den gewünschten Effekt; er war für den Schüler lesbar, so dass Konrad mit erneut hoher Motivation weitergelesen hat. Auch in dieser zweiten Phase der Intervention war – wenn man die RWM-Werte zu jedem einzelnen Text betrachtet – eine kontinuierliche Steigerung der Lesegeschwindigkeit zu verzeichnen (vgl. Abbildung 12). Lediglich bei Text 14 sank Konrads Lesegeschwindigkeit am 53.

Untersuchungstag deutlich ab, was sich am ehesten dadurch erklären läßt, daß Konrad sich an diesem Tag bereits krank fühlte und dann auch tatsächlich an den nächsten beiden Tagen nicht zur Schule kommen konnte. Gleichzeitig wurde das Schwierigkeitsniveau der Texte 11 bis 14 zwar nur minimal, aber im Vergleich zur Interventionsphase vor den Ferien doch merklich angehoben (vgl. Tabelle 7). Die DWL-, DSL- und TTR-Werte lagen hier auf oder über dem Mittelwert, und auch die Klassenstufe, für die die Lesetexte vorgesehen waren, steigerte sich bis zur 7. Klasse der Sonderschule für Lernbehinderte.

Text Nr.	RWM Minimalwert	RWM Mittelwert	RWM Maximalwert	Kriterium
7	54	72	90	90 (80)
6	36	70,8	92	90 (80)
8	56	78,8	94	90 (80)
9	-	-	-	-
10	76	90,8	106	100
11	47	69,5	91	90
12	45	74,2	97	90
13	63	84,6	100	100 (90)
14	59	75	106	90

Tab. 8: Übersicht über die Kriterien und die von Konrad in der Interventionsphase erreichten Leseleistungen

Tabelle 8 zeigt zusammenfassend die von Konrad pro Text erreichten Minimal- und Maximalwerte sowie die Mittelwerte im Bereich der RWM. Eine Besonderheit finden Sie in Spalte 5, in der Sie die mit dem Schüler vereinbarten kritischen Werte wiedergegeben sehen. Konrad wollte für die Anzahl der richtig gelesenen Wörter pro Minute häufig zunächst ein relativ niedriges Lernziel vereinbaren (in Tabelle 8 in Klammern dargestellt), von dem er annahm, es sicher erreichen zu können. Wenn Konrad dieses Kriterium tatsächlich geschafft hatte, vereinbarten er und die Lehrerin ein höheres – er hat sich auf diese Weise ermöglicht, sich gegen allzu große Mißerfolge abzusichern. Diese Form des »Selbstmanagement« hinsichtlich Motivation und Frustration wurde von der Lehrerin unterstützt, gleichzeitig aber wurde Konrad auch immer wieder ermutigt, das Kriterium sukzessive zu erhöhen, um so durch die Vermeidung von Mißerfolgen nicht auch gleichzeitig etwaige Erfolgserlebnisse zu verhindern. Nicht nur an dieser Stelle wird deutlich, wie praxisnah durchführbar Einzelfallstudien bzw. explorative Fallstudien sind, die es Lehrenden wie Lernenden gleichermaßen ermöglichen, auf etwaige Probleme oder Anforderungen flexibel und pädagogisch sinnvoll zu reagieren.

Bei der Betrachtung der RWM-Minimalwerte und RWM-Mittelwerte zu den vor den Ferien gelesenen Texten zeigt sich, daß Konrad seine Leseleistung kontinuierlich steigern konnte. Auch der Maximalwert hat von Text 6 zu Text 8 zugenommen (vgl. Tabelle 8), wohingegen das Kriterium bzgl. der RWM-Werte mit 90 (80) Worten stabil geblieben ist. Konrad konnte sowohl vor als auch nach den Ferien bei jedem der Texte die gemeinsam festgelegten Kriterien erreichen. Nach den Ferien schwankten die RWM-Werte, jedoch war im Vergleich zu den Leistungen vor den Ferien eine leichte Steigerung der Maximalwerte festzustellen. Auch das von Konrad und der Verfasserin gemeinsam festgelegte Kriterium lag nach den Ferien durchgehend bei 90 RWM, bei Text 10 und 13 sogar bei 100 RWM, obwohl das Schwierigkeitsniveau bei den Texten 13 und 14 angestiegen ist (vgl. Tabelle 7 und 8).

Zusammenfassend betrachtet konnte Konrad seine Lesegeschwindigkeit innerhalb des Förderzeitraumes deutlich verbessern. Die Lesegenauigkeit und auch die Sinnentnahme blieben dabei stabil oder verbesserten sich sogar vereinzelt. Konrad hat nach Einschätzung der Verfasserin vor allem die Lernkurve angesprochen, die ihn immer wieder anspornte, sich zu verbessern, ihm aber auch dabei half, sich selbst und die eigenen Leistungen besser einschätzen zu lernen.

4.3.2 Miriam

Miriam, eine 15jährige Schülerin aus der 8. Klasse, hat im Rahmen dieses Förderversuches an insgesamt 60 Sitzungen teilgenommen. Sie war eine motivierte Schülerin, verfügte jedoch über ein eher geringes Selbstvertrauen hinsichtlich ihrer Leistungen im Lesen, die bislang als lediglich ausreichend bis mangelhaft bewertet wurden. Trotzdem brachte Miriam eine hohe Bereitschaft zur Mitarbeit mit. Da sie sich während des Zeitraums der Förderung in einer schwierigen persönlichen Situation befand, die hin und wieder sogar Gesprächsthema in den gemeinsamen Sitzungen war, konnte Miriam sich nicht immer auf das gemeinsame Üben konzentrieren, so dass ihre Leseleistungen häufig schwankten.

Abb. 13: Leseleistungskurve von Miriam

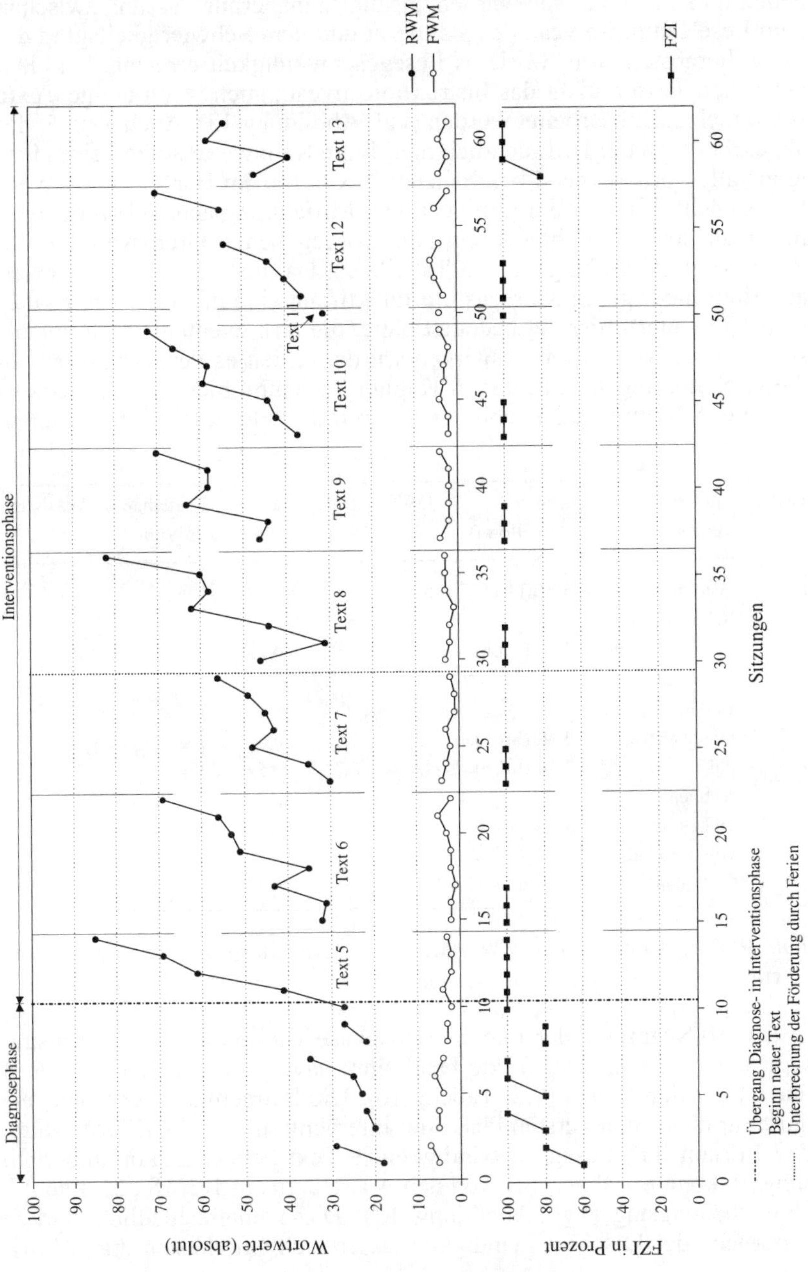

Die Diagnosephase umfaßte bei Miriam insgesamt zehn Sitzungen, in denen fünf Texte gelesen wurden, bis eine annähernde Passung zwischen dem Leseleistungsniveau der Schülerin und dem Schwierigkeitsgrad der Texte hergestellt war. Miriams Lesegeschwindigkeit erreichte bei allen gelesenen Texten nicht das Instruktionsniveau, auch wenn einige Texte sogar mehrfach bearbeitet wurden (vgl. Abbildung 13). Auch Text 5, der abgesehen von der DSL deutlich niedrigere Kennwerte aufzuweisen hatte als alle vorhergehend bearbeiteten Texte, traf im Bereich der RWM-Werte nicht das Instruktionsniveau von Miriam, lag aber schon deutlich näher an dem im Rahmenprogramm vorgegebenen Grenzwert von 30 RWM (vgl. Abbildung 13 und Tabelle 9). Da die Auswahl von Texten aus einer niedrigeren Klassenstufe für Miriam eine inhaltliche bzw. thematische Unterforderung bedeutet hätte, die sich eventuell auch ungünstig auf ihre Motivation auswirken würde, schien es der Verfasserin an dieser Stelle angebracht, das in Kapitel 2.2 empfohlene Instruktionsniveau bei Miriam zu unterschreiten und mit der Intervention zu beginnen.

Text Nr.	Titel des Textes	Klasse (Schulform)	DWL	DSL	TTR-Index	Textlänge in Worten	Anzahl der Sitzungen
1	Warum das Schwein weinte	5. (SfLb)	5,1	12,1	0,79	145	2
2	Die Geschichte von den billigen Einkaufsnetzen	3./4. (SfLb)	5,8	12,2	0,75	122	2
3	Unser Kätzchen	3./4. (SfLb)	4,7	10,7	0,64	204	3
4	Niki lernt rechnen	3./4. (SfLb)	4,8	8,2	0,59	335	2
5	Die Geschichte von der Maus im Laden	5. (SfLb)	4,5	12,2	0,44	220	1

Tab. 9: Übersicht über die von Miriam in der Diagnosephase gelesenen Texte

In den 50 Sitzungen der Interventionsphase wurden von Miriam insgesamt neun verschiedene Texte bearbeitet, davon drei Texte (Texte 5, 6 und 7) vor den Ferien (vgl. Tabelle 10). Die Betrachtung der Datenverläufe für diese in der ersten Phase der Intervention gelesenen Texte zeigt, daß Miriam ihre Lesegeschwindigkeit je Text betrachtet kontinuierlich steigern konnte – abgesehen von den Ausreißern am 16., 18., 26. und 27. Untersuchungstag (vgl. Abbildung 13). Diese unterschiedlich starken Einbrüche der Lesegeschwindigkeit lassen sich am ehesten durch Miriams jeweilige Tagesform erklären, da ansonsten keine Regelmäßigkeit festzustellen war.

Text Nr.	Titel des Textes	Klasse (Schulform)	DWL	DSL	TTR-Index	Textlänge in Worten	Anzahl der Sitzungen
5	Die Geschichte von der Maus im Laden	5. (SfLb)	4,5	12,2	0,44	220	4
6	Ein Fohlen ist geboren	5. (SfLb)	4,9	12,2	0,67	280	8
7	Der doppelte Weihnachts-mann – Teil 3	–	5,4	12,1	0,56	279	7
8	Wie die Igel-mutter mit ihren Kindern über die Straße kam	2. (GS)	4,9	8,9	0,57	223	7
9	Die Geschichte von der Frau, die immer an etwas anderes gedacht hat	2. (GS)	5,2	15,7	0,47	173	6
10	Der Sandsturm	5. (SfLb)	4,8	7,0	0,58	244	7
11	Der Elefanten-betrüger	6. (GS)	5,1	13,1	0,69	249	1
12	Matthias findet	2. (GS)	4,9	9,0	0,69	233	6
13	Matthias findet einen Vogel (Teil 2)	2. (GS)	5,0	8,6	0,67	242	4
		Mittelwert	5,0	11,3	0,60	237,63	5,8

Tab. 10: Übersicht über die von Miriam in der Interventionsphase gelesenen Texte

Eine Steigerung des Anfangsniveaus der Lesewerte konnte im Bereich der RWM leider nicht erreicht werden.
Dies läßt sich am ehesten durch den nicht unbedingt vergleichbaren Schwierigkeitsgrad der Texte 5 bis 7 erklären. Bei Text 6 bzw. Text 7 konnte Miriam zudem ihr vorher festgelegtes Kriterium nicht erreichen. Sie war auch nicht bereit, dieses nach der 5. Sitzung zu verändern oder einen neuen Text zu beginnen, da sie unbedingt bis zur jeweils letzten Sitzung versuchen wollte, das Förderziel zu erreichen, was ihr bei Text 6 auch beinahe gelungen wäre (vgl. Abbildung 13 und Tabelle 10).

In der zweiten Hälfte der Intervention hat Miriam noch sechs weitere Texte bearbeitet. Auch für sie sollte der erste Text nach den Ferien einen motivierenden Beginn ermöglichen, was mit der Auswahl von Text 8, der einem Lesebuch für die 2. Klasse der Grundschule (GS) entnommen war, gelungen ist: Miriam las diesen Text in der ersten Sitzung mit 46 RWM und konnte ihre Lesegeschwindigkeit auf über 80 RWM steigern, trotz der Ausreißer am 31., 34. und 35. Untersuchungstag (vgl. Abbildung 13). Auch jeweils für die anderen gelesenen Texte betrachtet konnte Miriam ihre Lesegeschwindigkeit insgesamt steigern, auch wenn ihre Leseleistungen hin und wieder, wie z. B. bei Text 9 und 13, starken Schwankungen unterworfen waren. Das Schwierigkeitsniveau ist während der zweiten Interventionsphase kaum gesteigert oder verändert worden, abgesehen von Text 11, der einem Lesebuch der 6. Klasse der Schule für Lernbehinderte entnommen wurde und dessen Kennwerte in jedem Bereich (DWL, DSL und TTR-Index) über den jeweiligen Mittelwerten lagen, aber auch höher waren als die Werte des vorhergehenden Textes (vgl. Tabelle 10). Dieser Text jedoch wurde von Miriam nur einmal gelesen, da sie die Geschichte über einen Elefanten nicht mochte (daher sind in Tabelle 9 für diesen Text keine RWM-Werte wiedergegeben). Das Anfangsniveau der RWM-Werte je Text konnte nach den Ferien im Vergleich zur ersten Phase der Intervention merklich gesteigert werden und lag bei Text 8, 9 und 13 sogar deutlich über 40 RWM (vgl. Abbildung 13).

Text Nr.	RWM Minimalwert	RWM Mittelwert	RWM Maximalwert	Kriterium
5	27	56,6	85	80
6	31	46,3	69	70
7	30	43,7	56	60
8	31	54,7	82	70
9	44	56,5	70	70
10	37	54	72	70
11	-	-	-	-
12	36	49,8	70	60
13	39	-	-	70

Tab. 11: Übersicht über die Kriterien und die von Miriam in der Interventionsphase erreichten Leseleistungen

Die Betrachtung der Minimal-, Mittel- und Maximalwerte für den Bereich der pro Minute richtig gelesenen Wörter (vgl. Tabelle 11) zeigt für den Verlauf der Lesewerte Miriams lediglich eine Steigerung der Minimalwerte, aber auch diese war nicht kontinuierlich. Die Mittelwerte der RWM nahmen in der Tendenz eher ab, und auch die Maximalwerte konnten nicht gesteigert werden. Weil beim letzten von Miriam gelesenen Text das Kriterium nicht erreicht werden konnte, da die Förderung beendet war, wurden für Text 13 der RWM-Mittel- und Maximalwert nicht errechnet. Diese beiden Werte wären mit denen der vorhergehenden Texte nicht vergleichbar gewesen, da diese Texte bis zum Erreichen des kritischen Wertes (oder bis zu maximal acht Sitzungen) gelesen werden konnten.

Zusammenfassend betrachtet konnte Miriam für jeden der gelesenen Texte ihre Lesegeschwindigkeit deutlich steigern. Im Bereich der Lesegenauigkeit und auch der Sinnentnahme hatte Miriam weitgehend stabile Werte vorzuweisen. Es hat sich also als eine richtige Entscheidung herausgestellt, mit der Förderung Miriams zu beginnen, obwohl ihre Werte noch nicht auf Instruktionsniveau lagen. Hin und wieder überschätzte sich Miriam hinsichtlich des zu erreichenden Kriteriums und war dann um so enttäuschter, wenn sie es nicht erreicht hatte. Sie konnte jedoch auch damit im Laufe der Zeit besser umgehen. Die Situation der Einzelförderung wurde von Miriam – so der Eindruck der Lehrerin – besonders geschätzt, wohingegen das Lesen unter Zeitdruck bzw. mit Blick auf die Stoppuhr für Miriam vor allem zu Beginn der Förderung ein Problem darstellte: Sie wurde nervös und ungeduldig, verrutschte dadurch in der Zeile und las so in dieser Situation hin und wieder langsamer als in der vorhergehenden Übungsphase.

4.3.3 Nicole

Nicole ist 16 Jahre alt und ebenso wie Miriam und Konrad eine Schülerin der 8. Klasse. Sie zeigt eine Sprachentwicklungsverzögerung: Sie liest zwar recht flüssig, aber ungenau, d. h. sie verschluckt Endungen, wendet Umlaute nicht an oder errät unbekannte Wörter. Nicole ist daher im Lesen, vor allem dem lauten Lesen vor der ganzen Klasse, eher gehemmt. Wegen ihrer Sprachentwicklungsverzögerung wurde von der Verfasserin im Vorfeld befürchtet, Lesegenauigkeit und Sinnentnahme könnten stark eingeschränkt sein. Bei ersten Leseproben zeigte sich jedoch, dass Nicole im Bereich der Sinnentnahme nicht signifikant größere Probleme zu verzeichnen hatte als die anderen Kinder. Sie verfügte im Gegenteil über einen für ihr Alter angemessenen, gut ausgebildeten Wortschatz. Lediglich bei der Lesegenauigkeit bestätigten sich zunächst die anfänglichen Bedenken, d. h. Nicole lag in der Diagnosephase, aber auch z. T. während der Intervention, im Bereich der fehlerhaft gelesenen Wörter pro Minute deutlich über dem Instruktionsniveau. Angesichts der hohen Motivation und Bereitschaft Nicoles zur Teilnahme wurde der Förderversuch durchgeführt und Nicole hat an insgesamt 59 Sitzungen teilgenommen – eine richtige Entscheidung, wie die nachfolgende Abbildung zeigt.

Abb. 14: Leseleistungskurve von Nicole

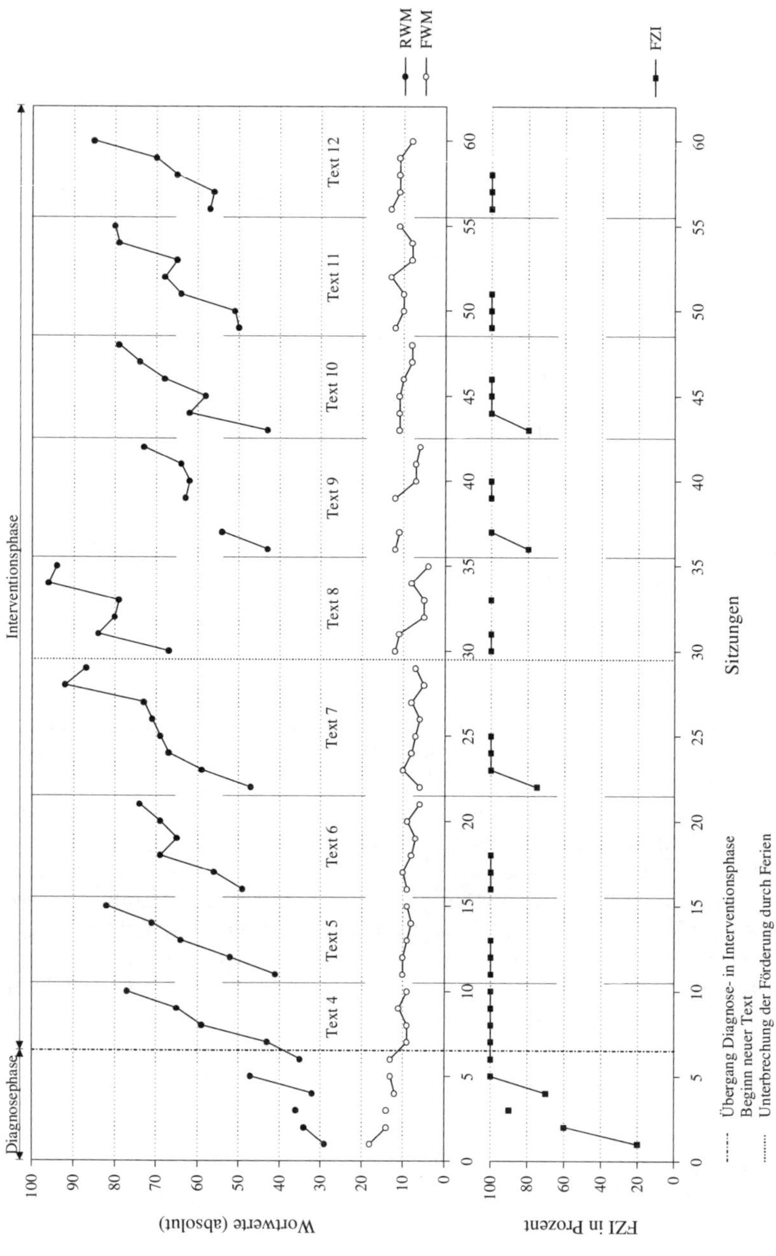

In der sechs Sitzungen umfassenden Diagnosephase hat Nicole insgesamt vier Texte gelesen (vgl. Tabelle 12), bis eine Passung zwischen ihrer individuellen Lernausgangslage und dem Schwierigkeitsniveau der Texte hergestellt war (vgl. Abbildung 14).

Text Nr.	Titel des Textes	Klasse (Schulform)	DWL	DSL	TTR-Index	Textlänge in Worten	Anzahl der Sitzungen
1	Warum das Schwein weinte	5. (SfLb)	5,1	12,1	0,79	145	2
2	Beim Zahnarzt	3./4. (SfLb)	4,6	7,1	0,66	141	1
3	Niki will Geld verdienen	5. (SfLb)	5,1	7,9	0,67	205	2
4	Niki lernt rechnen	3./4. (SfLb)	4,8	8,2	0,59	335	1

Tab. 12: Übersicht über die von Nicole in der Diagnosephase gelesenen Texte

Im Bereich der Lesegenauigkeit deutete sich erwartungsgemäß an, dass ihre sprachlichen Schwierigkeiten sich auf das Niveau der FWM-Werte auswirken würden (vgl. Abbildung 14). Da aber die Anzahl der richtig gelesenen Worte und auch die Sinnentnahme bei den Texten 2 bis 4 im Instruktionsbereich lagen, hier also das richtige Schwierigkeitsniveau getroffen schien, entschied die Lehrerin, trotz der hohen FWM-Werte, die mit 10 bis 20 Fehlern das empfohlene Instruktionsniveau von 4 bis 8 fehlerhaft gelesenen Wörtern pro Minute deutlich überschritten, mit der Intervention zu beginnen.

In der Interventionsphase hat Nicole insgesamt neun Texte in 53 Sitzungen geübt. Vor den Ferien hat Nicole zunächst vier Texte bearbeitet, deren lesetechnische Schwierigkeit zwar etwas schwankte (vgl. Tabelle 13), die aber dem Anschein nach doch so vergleichbar waren, dass sich diese Schwankungen auf Nicoles Leseleistung nicht spürbar auswirkten (vgl. Abbildung 14). Im Gegenteil, sie konnte ihre Lesegeschwindigkeit für jeden der Texte, aber auch insgesamt betrachtet steigern. Ausnahmen sind lediglich die kleineren Rückschritte am 19. und 29. Untersuchungstag, die jedoch keine Regelmäßigkeit oder eine eindeutige Ursache erkennen ließen. Das Anfangsniveau der RWM-Werte (1. Sitzung je Text) ist von Text 4 zu Text 7 hin deutlich angestiegen (vgl. Abbildung 14). Auch die Lesegenauigkeit konnte die Schülerin vor allem vor den Ferien tendenziell verbessern (vgl. Abbildung 14). Dies war angesichts ihrer Schwierigkeiten in diesem Bereich ein ebenso großer Erfolg wie die Steigerung der Lesegeschwindigkeit. Bei den anderen Schülern zielte die Förderung in erster Linie auf die Steigerung der RWM-Werte bei konstanten FWM- und FZI-Werten ab. Für Nicole war die Steigerung der Lesegenauigkeit, d. h. ein Senken der fehlerhaft gelesenen Wörter pro Minute, ein ebenso wichtiges Ziel des Übens, zumal sich die hohe Fehlerquote auch auf ihre Lesegeschwindigkeit negativ ausgewirkt hat.

Text Nr.	Titel des Textes	Klasse (Schulform)	DWL	DSL	TTR-Index	Textlänge in Worten	Anzahl der Sitzungen
4	Niki lernt rechnen	3./4. (SfLb)	4,8	8,2	0,59	335	4
5	Ein Wasserrohr ist geplatzt	3./4. (SfLb)	5,2	7,8	0,7	163	5
6	Unser Kätzchen	3./4. (SfLb)	4,7	10,7	0,64	204	6
6	Der doppelte Weihnachtsmann – Teil 1	–	5,3	8,6	0,57	311	8
8	Die Geschichte von der Maus im Laden	5. (SfLb)	4,5	12,2	0,44	220	6
9	Die Geschichte vom Schaumbad	2. (GS)	5,0	13,1	0,65	209	6
10	Die Geschichte vom gehorsamen Jungen	5. (SfLb)	5,2	8,7	0,64	208	6
11	Der Sandsturm	5. (GS)	4,8	7,0	0,58	244	7
12	Jörg hat Angst	5. (GS)	4,8	9,2	0,63	258	5
		Mittelwert	4,9	9,5	0,60	239,11	5,9

Tab. 13: Übersicht über die von Nicole in der Interventionsphase gelesenen Texte

Im zweiten Abschnitt der Intervention las Nicole fünf weitere Texte (Text 8 bis 12), die bis auf den ersten nach den Ferien gelesenen Text, der als leichter eingeschätzt wurde, in etwa vergleichbare lesetechnische Schwierigkeiten aufwiesen (vgl. Tabelle 13). Auch in dieser Phase der Intervention konnte Nicole ihre Lesegeschwindigkeit steigern. Dies gilt zum einen, wenn man die Werte für jeden Text separat betrachtet, aber auch insgesamt, wenn man die Leistungsentwicklung von Text zu Text verfolgt (vgl. Abbildung 14). Lediglich am 32., 33., 40., 45., 53. und 57. Tag der Förderung ist ein leichtes Absinken der RWM-Werte zu verzeichnen (vgl. Abbildung 14). Die Lesegenauigkeit hingegen kann

Nicole insgesamt nicht verbessern, nur wenn man jeden Text für sich betrachtet, sinkt die Fehlerrate (vgl. Abbildung 14). Eine mögliche Erklärung dafür und für die häufigeren Schwankungen in der Lesegeschwindigkeit ist ein punktuelles Nachlassen der Konzentration Nicoles während der zweiten Phase der Intervention.

Text Nr.	RWM Minimalwert	RWM Mittelwert	RWM Maximalwert	Kriterium
4	35	55,8	77	75
5	41	62,0	82	75
6	49	63,7	74	80
7	47	70,6	92	80
8	67	83,3	96	90
9	43	59,8	73	70
10	43	64,0	79	80
11	50	65,3	80	80
12	57	66,6	85	80

Tab. 14: Übersicht über die Kriterien und die von Nicole in der Interventionsphase erreichten Leseleistungen

Bei der Betrachtung der Minimal-, Mittel- und Maximalwerte der RWM zeigt sich, daß Nicole in beiden Phasen der Intervention ihre Werte in der Tendenz steigern konnte (vgl. Tabelle 14). Eine deutliche Ausnahme bildet hier Text 8, der erste nach den Ferien bearbeitete Text, der entsprechend der relativ geringen lesetechnischen Schwierigkeit eine außergewöhnliche Steigerung der Leseleistungen zur Folge hatte. Der Text war also für Nicole, wie beabsichtigt, ein motivierender Auftakt der Leseförderung nach den Ferien. Die in Tabelle 14 wiedergegebenen Kriterien für die richtig gelesenen Worte pro Minute zeigen, daß es Nicole bei Text 6 und Text 10 leider nicht gelang, bis zur jeweils 6. Sitzung den von ihr und der Lehrerin festgelegten kritischen Wert zu erreichen (vgl. entsprechende RWM-Maximalwerte in Tabelle 14). In beiden Fällen wollte Nicole zu einem neuen Text wechseln.

Zusammenfassend betrachtet konnte Nicole im Laufe der Förderung ihre Lesegeschwindigkeit insgesamt deutlich steigern. Auch die Lesegenauigkeit verbesserte sich bei ihr vor allem vor den Ferien, danach war der Übungseffekt lediglich für jeden gelesenen Text festzustellen. Die Entscheidung, Nicole trotz, aber auch gerade wegen ihrer Sprachentwicklungsverzögerung zu fördern, erwies sich – rückblickend betrachtet – als richtig. Es war ebenso sinnvoll, trotz der hohen FWM-Werte, die nicht auf Instruktionsniveau lagen, mit der Intervention zu beginnen. Nicole war stolz auf ihre Erfolgserlebnisse und wurde durch die Lernverlaufskurve immer wieder motiviert, weiterzulesen und sich zu verbessern.

4.4 Rückblick und Ausblick

Die hier vorgestellten Förderversuche zeigen zum einen Gemeinsamkeiten, aber auch Unterschiede auf. Gemeinsam ist diesen Förderversuchen zunächst, dass sich gezeigt hat, dass eine systematischen Förderung des weiterführenden Lesens durch Übung funktionieren kann. Wie sie funktioniert, das sieht abhängig vom Lernenden, aber auch Lehrenden ganz unterschiedlich aus, wie bereits diese wenigen Fallbeispiele zeigen: Konrad möchte sein Kriterium gerne vorläufig festlegen, um es dann vielleicht noch ändern zu können. Miriam möchte am liebsten Geschichten mit Tieren lesen, mag aber Elefanten nicht, weshalb ihr Geschichte Nr. 11 nicht gefällt (vgl. Kapitel 4.3.2), und Nicole will in zwei Fällen nach sechs Sitzungen einen neuen Text lesen, auch wenn ihre Lesegeschwindigkeit noch nicht das von ihr gewählte Kriterium erreicht hat. Eine weitere Gemeinsamkeit dieser Förderversuche ist, dass sich die Leseleistung bei allen Kindern in sehr starker Abhängigkeit vom geschätzen Schwierigkeitsniveau der Texte entwickelt hat, d. h., die Passung zwischen der Leseleistung des Kindes und dem ausgewählten Text ist ein zentraler Aspekt für das Gelingen der Förderung. Ebenso wichtig ist, die individuellen Voraussetzungen und Wünsche der Schüler (s. o.) zu berücksichtigen und diesen – soweit wie möglich und pädagogisch wünschenswert – durch Modifikation des Rahmenprogrammes entgegen zu kommen. Unsere Fallbeispiele haben gezeigt: unterschiedliche Schüler erfordern unterschiedliche Vorgehensweisen, und dies wird durch das Rahmenprogramm »Besser lesen mit System« nicht nur ermöglicht, sondern gemäß dem diagnostisch-präskriptiven Unterricht geradezu eingefordert. Aus forschungsmethodologischer Sicht zeigt sich an dieser Stelle der Vorteil der Einzelfallstudien: Es ist bei diesem Vorgehen nicht notwendig, wie z. B. bei einer Gruppenvergleichsstudie, vollständig identische Interventionen einzusetzen, die nicht für jeden Schüler gleichermaßen sinnvoll sein müssen.

Die hier vorgestellten Fallbeispiele stellen, wie bereits eingangs angemerkt, den »Normalfall« dar, d. h. es handelt sich weder um besonders positiv noch besonders negativ verlaufene Förderversuche. Aus Sicht der hier Beteiligten sind sie in jedem Fall erfolgreich zu nennen: Die hier vorgestellten Schülerinnen und Schüler selbst haben zum Ende der Förderung einen kurzen Fragebogen ausgefüllt, dessen Auswertung gezeigt hat, daß ihnen allen die Teilnahme Spaß gemacht hat. Auch ihre Klassenlehrerin stellte während und nach der Förderung im Unterricht fest, daß jedes der Kinder seine Leseleistung steigern und Lesehemmungen abbauen konnte. Meines Erachtens haben die Fallbeispiele auch deutlich gemacht, daß die Förderung gerade an diesem Punkt, wenn erste Fortschritte erzielt sind, fortgeführt werden müßte, um so die Erfolge zu sichern. Dies war jedoch leider auf Grund des begrenzten zeitlichen Rahmens einer Studienabschlußarbeit nicht möglich.

Die Ausführungen in diesem Kapitel haben Ihnen gezeigt, dass man es so machen *kann* aber nicht so machen *muss*. Vielleicht sind Sie motiviert, es selbst zu versuchen?
Weitere Erfahrungswerte und Anregungen, wie das Rahmenkonzept modifiziert, variiert oder erweitert werden kann, finden Sie im nächsten Kapitel.

5 Programmeffektivität und Variationsmöglichkeiten

Unter Mitarbeit von Dorothee Wiesmann und Janina Becker

Im vierten Kapitel wurde in einiger Ausführlichkeit über praktische Erfahrungen in exemplarischen Förderversuchen berichtet. In diesem Kapitel erhalten Sie einen Überblick über die Ergebnisse und Erfahrungen, die in den letzten drei Jahren im Rahmen von explorativen Fallstudien gewonnen werden konnten. Kapitel 5.1 berichtet über die Dauer der Förderversuche im Überblick, betrachtet differenziert die Diagnose- und die Interventionsphasen und analysiert zusammenfassend die wichtigsten Ergebnisse. Bei eingehender Betrachtung der einzelnen Förderversuche fällt auf, dass das in diesem Buch entwickelte Konzept häufig an die jeweiligen schulischen Rahmenbedingungen und an die individuellen Lernausgangslagen der Schülerinnen und Schüler angepasst worden ist. In Kapitel 5.2 werden Ihnen Modifikationsmöglichkeiten und alternative bzw. zusätzliche Interventionsmaßnahmen vorgestellt, die von den Autorinnen der Förderversuche erdacht und erprobt worden sind und die Ihnen bei der konkreten Gestaltung eigener Praxisprojekte vielleicht als Anregungen dienen können. Kapitel 5.3 zeigt, wie unterschiedliche Arten der Datendarstellung die Analyse und Interpretation der unterrichtsbegleitenden Lernerfolgsmessung unterstützen können.

In den ersten drei Kapiteln dieses Buches haben Sie einen programmatischen Rahmen für das systematische Üben des flüssigen sinnerfassenden Lesens kennengelernt. Im vierten Kapitel wurde von Stephanie Kronenbitter die praktische Umsetzung exemplarisch an Fallbeispielen vorgestellt, denn viele Menschen können an Beispielen besser lernen als durch umfängliche theoretische Erörterungen. Falls Sie weitere Beispiele wünschen, können Sie auf einige Veröffentlichungen in der Fachliteratur zurückgreifen, die in den letzten Jahren erschienen sind, etwa auf den Beitrag von Wember und Vosshage (1996) zur direkten Diagnose bei Leseschwierigkeiten oder die Fallanalysen zur direkten Leseförderung von Herting (1998b) oder Wember und Lippold-Häcker (1997). Auch wenn in diesen Beiträgen vom Rahmenprogramm »Übung macht den Meister« gesprochen wird, ein Name, der zunächst benutzt worden ist und noch heute durchaus benutzt wird, um das Programm und seine Zielsetzung den zu fördernden Kindern zu verdeutlichen (vgl. WEMBER, 1996, 1997), werden Sie unschwer erkennen, daß sich die dort vorgestellten Beispiele an der in diesem Buch entwickelten Konzeption orientieren.

Neben diesen öffentlich zugänglichen Arbeiten sind an der Universität Dortmund und an der FernUniversität - Gesamthochschule Hagen im Zeitraum von 1996 bis 1998 Studienabschlussarbeiten erschienen, die sich mit der praktischen Umsetzung von »Besser lesen mit System« auseinandergesetzt haben (AUST, 1997; HERTING, 1998a; MÖLLERS, 1997; OBERMAYR, 1997; SCHROER, 1998; STIER, 1998). In explorativen Fallstudien sind 21 Förderversuche dokumentiert und analysiert worden. Sechs weitere Förderversuche wurden 1996 von Annette KOCH und Elke MEERMEIER durchgeführt und in einer Schrift von WEMBER (1997, S. 42-55) veröffentlicht, so dass derzeit neben den bereits publizierten Fallstudien insgesamt 27 Förderversuche ausgewertet werden können. Explorative Fallstudien sind in diesem Zusammenhang Einzelfallstudien, in denen die Leseleistungsentwicklung eines jeden einzelnen Kindes und die mit diesem Kind durchgeführten Fördermaßnahmen praxisbegleitend beschrieben, dokumentiert und versuchsweise analysiert worden sind, um abschätzen zu können, ob und inwieweit die gewählten pädagogischen Maßnahmen dem Kind geholfen haben, seine Leseleistungen zu verbessern. Solche Fallstudien sind explorativer Art, weil sie zwar erste Erkundungen möglicher Zusammenhänge darstellen, aber mangels systematischer Fehlerkontrolle nicht als quasi-experimentelle Prüfungen von bestimmten Hypothesen gelten können (vgl. WEMBER, 1989, 1994). Wenn also im folgenden über die Effektivität von Förderversuchen berichtet wird, geschieht dies nicht auf der Grundlage von methodisch streng kontrollierten Evaluationsstudien, so dass unsere Ergebnisse nur vorläufige Gültigkeit beanspruchen können. Andererseits kann in explorativen Fallstudien immerhin geprüft werden, ob sich ein Programmentwurf überhaupt unter den Bedingungen der alltäglichen pädagogischen Praxis umsetzten läßt, ob eine solche Umsetzung Erfolge verspricht und welche Variationen und Ergänzungen sich mehr, welche sich weniger gut zu bewähren scheinen.

Im folgenden wird Ihnen zunächst eine zusammenfassende Übersicht über die bislang erfolgten Förderversuche gegeben. Dabei soll gezeigt werden, in welchem zeitlichen Umfang und mit welcher Intensität das hier entwickelte Rahmenprogramm umgesetzt worden ist. Diese Betrachtung erfolgt sowohl in bezug auf die Gesamtdauer und Anzahl und Länge der Übungssitzungen als auch in bezug auf die Anzahl der Sitzungen in den Diagnose- und Interventionsphasen. Bevor wir in Kapitel 5.2 auf Variationen und Ergänzungen zu sprechen kommen, soll Ihnen nämlich zunächst gezeigt werden, welche Erfolge und Erfahrungswerte Lehrerinnen bislang gesammelt haben und ob und inwieweit sich ein Zusammenhang zwischen der Anzahl und der Dauer der Übungssitzungen und der Wirksamkeit des Förderprogramms aufzeigen läßt.

5.1 Intensität und Effektivität der Interventionen

Eine vergleichende Betrachtung der 27 vorliegenden Förderversuche anzustellen ist nicht einfach, weil sehr unterschiedliche Schülerinnen und Schüler mit oft sehr verschiedenen Lernausgangslagen gefördert worden sind. Gemeinsam war allen Kindern, dass sie die Sonderschule für Lernbehinderte besuchten und mit gravierenden Leseproblemen zu kämpfen hatten. Auch die schulischen Rahmenbedingungen variieren von Fall zu Fall, so dass es nicht verwundert, wenn schon die Dauer der Förderung bei den einzelnen Autorinnen recht unterschiedlich ausfällt: Annette Koch und Elke Meermeier (1997) konnten aus Zeitgründen nur 8 Wochen mit ihren Kindern arbeiten, bei Elisabeth Obermayr (1997), Sonja Schroer (1998) und Gisela Aust (1997) waren es 11, 12 und 13 Wochen, bei Melanie Stier (1998) und Ulrike Möllers (1997) immerhin 14 bzw. 16 Unterrichtswochen. In diesen Zeiträumen lassen sich bei fünf Unterrichtstagen pro Woche im Idealfall zwischen 40 und 80 Übungssitzungen realisieren, aber realiter lag die Anzahl der Übungssitzungen deutlich unterhalb dieser theoretisch möglichen Maximalwerte und variierte von Fall zu Fall wegen Feier- und Ferientagen, Klassenfahrten und Krankheiten oder anderweitig begründeter Abwesenheit der Schülerinnen und Schüler.

		Kind					
		1	*2*	*3*	*4*	*5*	*6*
Aust	Diagnose	11	5	1	1	k.A.	
	Intervention	30	51	57	61	43	
Möllers	Diagnose	7	6	6	6		
	Intervention	27	27	32	31		
Obermayr	Diagnose	2	2	4	3		
	Intervention	29	27	25	28		
Schroer	Diagnose	5	5	k.A.	k.A.		
	Intervention	57	56	k.A.	k.A.		
Stier	Diagnose	6	6	6	6		
	Intervention	36	36	39	29		
Koch &	Diagose	3	6	k.A.	2	5	5
Meermeier	Intervention	20	18	k.A.	12	14	10

k.A. Die genaue Anzahl der Übungstage ging aus der Studienabschlussarbeit nicht hervor.

Tab. 15: Übersicht über die Anzahl der Sitzungen in den Diagnose- und Interventionsphasen

Tabelle 15 gibt Ihnen eine Übersicht über die Anzahl der Sitzungen in den Diagnose- und in den Interventionsphasen bei den einzelnen Förderversuchen, aufgeführt in den Spalten, während Sie den Zeilen entnehmen können, dass in jeder Studie vier bis maximal sechs Kinder gefördert wurden. Zunächst einige Bemerkungen zum Verlauf der Diagnosephase, die im Durchschnitt 5 Tage dauerte, weil das Erreichen des Instruktionsniveaus in der Regel mehrere Tage in Anspruch nahm. Dabei wurden mindestens eine und höchstens 11 Sitzungen für die Diagnosephase benötigt. Die große Streuung der Anzahl von Sitzungen muß in Zusammenhang mit individuellen Faktoren auf Seiten der Schülerinnen und Schüler und der Lehrerinnen einerseits und auch vor dem Hintergrund der schulischen Rahmenbedingungen gesehen werden. So gingen einige Lehrerinnen zur Interventionsphase über, wenn die Schülerinnen und Schüler bereits bei einem Text das Instruktionsniveau erreichten. Gisela AUST beschreibt die Diagnosephase bei ihrem Schüler Uwe, in Tabelle 15 bezeichnet als Kind 3, wie folgt (1997, S. 68):

> Die ersten Sitzungen nutzte ich vorwiegend zum näheren Kennenlernen des Schülers und weniger zur Überprüfung der Leseleistung. Nach dem Lesen eines Textes, bei dem Uwes Leistungen sich sofort auf Instruktionsniveau befanden, suchten wir gemeinsam weitere zu lesende Texte (...) aus. Uwe las schnell, machte dabei aber viele Fehler, die vor allem im grammatischen Bereich liegen. Diese Fehler verbesserte er nicht, weil seine Sprache dysgrammatisch ist. (...) Uwe las insgesamt 13 verschiedene Texte. Nach durchschnittlich vier Übungstagen wurde ein neuer Text ausgewählt. Bei allen Texten ist festzustellen, daß mit zunehmender Übung die Leistungen ansteigen.

Andere Lehrerinnen bevorzugten es, die Feststellung des Instruktionsniveaus durch mehrere Lesetexte mit ähnlichem Schwierigkeitsniveau nochmals zu überprüfen. Das folgende Beispiel ist der Staatsarbeit von Ulrike MÖLLERS entnommen. MÖLLERS (1997, S. 104) beschreibt hier den Verlauf der Diagnosephase bei ihrem Schüler Felix, in Tabelle 15 bezeichnet als Kind 2:

> Wie es das Konzept vorsieht, beginnt Felix mit einer mehrtägigen Diagnosephase, in der er verschiedene Texte liest. In den ersten drei Tagen der Diagnose erzielt er RWM-Werte zwischen 19 und 24. Am vierten Tag steigert er sich mit einem unbekannten Text auf 34 RWM und nur 2 FWM. In den weiteren Tagen fällt der RWM-Wert wieder etwas bis auf 18 RWM. Die gelesenen Texte sind zwar unterschiedlichen Schwierigkeitsgrades, aber die erzielten Ergebnisse sind nicht dementsprechend. Ein Text mit einem etwas anspruchsvolleren Niveau aufgrund der (...) Kriterien [DWL, DSL, TTR-Index] ist für Felix nicht unbedingt schwieriger zu bewältigen als ein nach den Bewertungsmerkmalen einfacherer Text. Demnach erachte ich es als sinnvoller, nach einer kürzeren Diagnosephase direkt mit der Intervention zu beginnen.

Sie können an diesem Beispiel auch ersehen, daß es nicht immer leicht ist, einen in bezug auf die Leselernvoraussetzungen des Kindes angemessenen Text zu finden, da eben über die Textschwierigkeitskriterien DWL, DSL und TTR-Index hinaus eine Vielzahl von Faktoren das Lesen beeinflussen. In einigen Fällen entschieden sich die Lehrerinnen sogar dafür, mit der Interventionsphase zu beginnen, obwohl das Instruktionsniveau noch nicht erreicht worden war (vgl. Kapitel 4 bei KRONENBITTER). Das war meist bei den Schülerinnen und Schülern der Fall, die zwar die Lernvoraussetzungen für das Programm »Besser lesen mit System« erfüllten, aber über eine genügende Automatisierung des Lesens noch nicht verfügten. Melanie STIER faßt nach Ablauf der Diagnosephase bei dem Schüler Daniel, in Tabelle 15 Kind 1, zusammen (1998, S. 63):

> Obwohl Daniel in der Diagnosephase das vorgeschriebene Instruktionsniveau von 30-60 RWM nicht erreicht, entschließe ich mich, die Förderung mit ihm durchzuführen. Ich verspreche mir davon zumindest die Steigerung der Lesegeschwindigkeit, vor allem, wenn die einzelnen Texte länger geübt werden. In dem Bereich des Anspruchsniveaus ist eine Korrektur nach unten kaum möglich, da die Texte ein inhaltliches Mindestniveau aufweisen müsse.

Die angeführten Beispiele sollen Ihnen verdeutlichen, wie unterschiedlich die Diagnosephasen im einzelnen ablaufen können. Dabei können sowohl die Dauer dieser Phase als auch das Anforderungsniveau der Texte erheblich variieren, damit sich eine möglichst gute Passung zwischen individueller Lernausgangslage des Kindes und der Fördermaßnahme herstellen läßt.

Die sich an die Diagnosephase anschließenden Interventionssitzungen variierten ebenfalls von Förderversuch zu Förderversuch. Sie können von der Tabelle 15 ablesen, dass die Interventionsphase durchschnittlich aus 38 Sitzungen bestand. Die Streuung liegt im Bereich von 25 bis 61 Fördersitzungen. Dabei ist zu beachten, dass die Dauer der Förderung im Vorfeld geplant werden mußte und somit ein Ende der Intervention nicht individuell festgelegt werden konnte (vgl. Kapitel 4); denn alle hier dargestellten Förderversuche fanden im Rahmen von Studienabschlußarbeiten statt. Aus pädagogischer Sicht ist natürlich erstrebenswert, die Förderung so lange wie möglich durchzuführen, da wir ja in Kapitel 3 gesehen haben, wie sich die Kontinuität und Dauer einer Fördermaßnahme in bezug auf Lerneffekte auswirkt – wir werden auf diesen Aspekt noch weiter unten zu sprechen kommen. Pädagogisch optimal ist, wenn die Dauer der Förderung einzig und allein vom Förderbedarf des individuellen Schülers abhängig gemacht wird.

Hat sich das Programm »Besser lesen mit System« in der Praxis bereits bewährt? Werden Erfolge nur versprochen, oder sind Erfolge auch messbar gezeigt worden? Tabelle 16 zeigt die wichtigsten Ergebnisse aus 27 Einzelversuchen in einer verkürzten Übersicht. Eine solche zusammenfassende Darstellung der Ergebnisse aus einzelnen Förderversuchen sollte unter gewissen Vorbehalten betrachtet werden. Da es sich bei »Besser lesen mit System« um ein Rahmenprogramm handelt, bei dem den Lehrerinnen und Lehrern große Handlungsspielräume zur Modifikation des Programms offen stehen (vgl. Kapitel 2.4 und 5.2), sind die erfolgten Interventionen insofern vergleichbar, als dass in jedem Fall direkt das Lesen geübt und täglich die Leseleistung gemessen und mit dem Kind besprochen wurde. Darüber hinaus gab es jedoch von Fall zu Fall Unterschiede in der praktischen Vorgehensweise (siehe unten, Kapitel 5.2).

		Kind 1	2	3	4	5	6
Aust	RWM	+	+	+	+	0+	
	FWM	+	+	+	+	+	
	FZI	0+	0+	0+	0+	+	
Möllers	RWM	+	+	+	+		
	FWM	0	0	0	0		
	FZI	0	0	0	0		
Obermayr	RWM	+	+	+	+		
	FWM	0+	0+	-	0		
	FZI	0+	+	0+	0		
Schroer	RWM	+	+	1	+		
	FWM	0	0	1	0		
	FZI	0	0	1	0		
Stier	RWM	+	+	+	0+		
	FWM	+	0+	+	0+		
	FZI	+	+	0+	0+		
Koch & Meermeier	RWM	+	+	+	+	+	+
	FWM	+	+	+	+	0-	0-
	FZI	0+	0+	0+	0-	0-	0-

+ RWM/FWM/FZI = Verbesserung der Leseleistung
O+ RWM/FWM/FZI = konstant gute Leseleistung
O- RWM/FWM/FZI = konstant schwache Leseleistung
- RWM/FWM/FZI = Absinken der Leseleistung
1 = In diesem Fall konnte die Lehrerin das Lesetraining nicht durchführen, da die Schülerin über die nötigen Leselernvoraussetzungen noch nicht verfügte.

Tab. 16: Übersicht über die Haupteffekte der Leseförderung

Die in Tabelle 16 dargestellten Ergebnisse wurden den Auswertungen entnommen, welche die Lehrerinnen zum Abschluß der Förderversuche vorgenommen haben. Sie sollten hier beachten, daß diese Einschätzungen von den Lehrerinnen selbst stammen und jeweils nur das Gesamtergebnis bezüglich der Effektivität des Leseförderversuchs wiedergeben. Eine Ausnahme stellt die Schülerin Sandra, dokumentiert bei Sonja SCHROER, dar. Der Förderverlauf von Sandra, in Tabelle 16 bezeichnet als Kind 3, konnte bei der Auswertung der Ergebnisse nicht berücksichtigt werden, da Sandra aufgrund fehlender Zugangsvoraussetzungen überhaupt nicht im Rahmen des Leseprogramms gefördert werden konnte (vgl. Tabelle 16). Bei dieser Schülerin zeigten sich neben ihrer langsamen Arbeitsweise deutliche Unsicherheiten bei der Buchstaben-Laut-Zuordnung und der Synthese. Dennoch entschied sich SCHROER (1998, S. 131) für eine Fortsetzung der begonnenen Fördermaßnahme, wenn auch in veränderter Form:

> Sowohl bei der Benennung der einzelnen Buchstaben als auch bei ihrer Synthese hat sie zu Beginn der Förderung große Defizite. Selbst kurze und einfache Wörter kann sie nicht selbständig erlesen. Zu diesem Zeitpunkt spiele ich mit dem Gedanken, die Förderung abzubrechen. Ein Abbrechen der Förderung würde sich jedoch negativ auf das ohnehin schon schwache Selbstbewußtsein von Sandra auswirken und sie im Bereich Sprache noch mehr verunsichern. Dies ist für mich der Grund, die Förderung in abgeänderter Form fortzusetzten. Die Förderung unterteilt sich nun nicht mehr in eine Diagnose- und Intervetionsphase und auch nicht in eine Übungs- und Testphase. Die Förderung von Sandra besteht schlicht und einfach aus Übungsphasen. Übrig gebliebeben von der ursprünglichen Planung ist der Aspekt, daß Sandra täglich Texte liest ...

Wie lässt sich Tabelle 16 insgesamt bewerten? Lohnt sich der Aufwand? Immerhin kann man feststellen, daß 24 von 26 Kindern und Jugendlichen ihre Lesefähigkeit steigern konnten. Das bedeutet, daß 24 Schülerinnen und Schüler nach dem Lesetraining mehr Wörter in der Minute korrekt lesen konnten als es vorher der Fall war. Nur bei zwei Schülern hat sich in bezug auf die Lesegeschwindigkeit keine Veränderung abgezeichnet; bei diesen lagen die RWM-Werte im Mittel zwischen 80 und 110, waren also konstant gut.

Die Leseförderung hatte ebenfalls Effekte auf die falsch gelesenen Wörter – wenn auch in einem geringeren Ausmaß als bei den RWM-Werten. Die FWM-Werte sanken bei sieben Kindern. Bei den übrigen Schülerinnen und Schülern zeigten sich in bezug auf die FWM-Werte keine signifikanten Verbesserungen, was jedoch bei etlichen Fällen nicht anders zu erwarten war, weil die Fehlerrate ohnehin bei niedrigen 5 Wörtern pro Minute und weniger lag. Der FWM-Wert wird deshalb in Tabelle 16 immer dann als »konstant gut« bezeichnet, wenn er fünf und weniger Fehler pro Minute betrug. Die explorativen Fallstudien ergaben darüber hinaus, dass das systematische Üben des Lesens auch Auswirkungen auf die

Sinnentnahme hatte. Sie können in Tabelle 16 erkennen, daß sich bei fünf Schülerinnen und Schülern das sinnentnehmende Lesen gebessert hat. Ein konstant guter FZI-Wert lag in der Regel zwischen 75 und 100%.

Bei der Betrachtung dieser Ergebnisse ist einerseits anzumerken, dass das Schwierigkeitsniveau der Lesetexte bei einigen Schülerinnen und Schülern sukzessiv gesteigert werden konnte, wie KRONENBITTER das für den Schüler Konrad im vierten Kapitel dieses Buches beschrieben hat. Eine solche Steigerung des Schwierigkeitsgrades bei Beibehaltung oder gar Steigerung der Lesegenauigkeit und Lesegeschwindigkeit spricht deutlich für die Effektivität des Übungsprogramms. Andererseits stellen sich solche erfreulichen Effekte nicht immer und bei jedem Kind ein. Für das Programm spräche, wenn sich ein Zusammenhang zwischen Anzahl und Dauer der Übungssitzungen und Höhe der Lerneffekte aufzeigen ließe. Auch wenn sich diese Frage in nur wenigen explorativen Fallstudien nicht abschließend beantworten läßt, haben doch alle Lehrerinnen festgestellt, dass die Regelmäßigkeit der Förderung mit der Verbesserung der Leseleistung einher ging. So sanken die Leseleistungen beispielsweise häufig nach den Schulferien, nach Klassenfahrten oder sonstigen Fehltagen ab. Unterrichtsfreie Tage, unregelmäßige Schulbesuche und Leistungsmotivation und Ausdauer – all diese Stichwörter wurden von Ulrike MÖLLERS (1997) als besondere Problemfaktoren erwähnt.

Zusammenfassend können wir festhalten, dass die Förderung bei nahezu allen Schülerinnen und Schülern zu einer Verbesserung der Leseleistung führte. Dabei zeichneten sich bei vielen Kindern sogar positive Transfereffekte auf das Arbeitsverhalten im Unterricht sowie auf das Selbstbewußtsein und die Selbsteinschätzung eigener Fähigkeiten ab (vgl. KRONENBITTER in diesem Band). Einige Förderungen wurden durch zusätzliche Übungsmaßnahmen modifiziert, die teilweise vorab geplant worden waren, teilweise in Folge von aktuell sich ergebenden Schwierigkeiten improvisiert wurden. Häufig lag es daran, dass bei einigen Schülerinnen und Schülern besondere Lernvoraussetzungen vorlagen, wie beispielsweise die nicht altersadäquate Beherrschung der deutschen Sprache oder unzureichende Lesefertigkeiten, vor allem Probleme beim Rekodieren und Dekodieren. Solche Modifikationen und Erweiterungen der Intervention werden wir Ihnen im folgenden Unterkapitel vorstellen.

5.2 Variationsmöglichkeiten und zusätzliche Interventionskomponenten

Sie haben bei der summarischen Übersicht im vorherigen Abschnitt bereits gesehen, dass einige Lehrerinnen im Rahmen des in diesem Buch entwickelten Konzeptes variierende Vorgehensweisen gewählt oder neue Methoden geradezu erfunden haben, um ihre lesepädagogischen Maßnahmen an die jeweiligen schulischen Rahmenbedingungen und besonders an die jeweils individuellen Lernvoraussetzungen der einzelnen Schülerinnen und Schüler anzupassen. In diesem Abschnitt wollen wir Ihnen einen Eindruck davon vermitteln, welche Variationen und Erweiterungen bereits in Einzelfällen erdacht und erprobt worden sind. In einigen Arbeiten haben sich nämlich wertvolle Modifikationsmöglichkeiten gezeigt, die Ihnen bei Ihren Praxisversuchen vielleicht als Anregung dienen können und die im folgenden deshalb beschrieben und kurz kommentiert werden sollen; dabei werden wir zunächst Vorschläge für die Gestaltung der Diagnosephase unterbreiten, dann Varianten und Erweiterungen der Intervention erläutern und abschließend Anregungen zur Darstellung und Interpretation der Ergebnisse unterbreiten. An dieser Stelle sollten wir aber darauf hinweisen, daß wir hier lediglich exemplarisch einige Variationsmöglichkeiten aufzeigen können. Sicher werden Sie in Ihren Praxisprojekten auch eigene Wege gehen müssen.

Welche Variationen und Modifikationen haben sich in der Diagnosephase bewährt? Elisabeth OBERMAYR (1997) integrierte Verfahren der Fehleranalyse, indem sie eine Liste der Lesefehler erstellte, anhand derer dann gezielte Leseübungen durchgeführt wurden, um den Sichtwortschatz der Schülerinnen und Schüler zu erweitern. Die Lehrerin protokollierte – der Einfachheit halber lautgetreu in Normalschrift – die stockend oder falsch gelesenen Wörter und stellte anschliessend ein spezielles Übungsprogramm, das auf die individuellen Lernausgangsvoraussetzungen der Schüler abgestimmt war, zusammen. Damit Sie sich von dieser diagnostisch-präskriptiven Vorgehensweise ein besseres Bild machen können, stellen wir Ihnen hier ein Beispiel aus der Arbeit von OBERMAYR vor. Nachdem sie die falsch gelesenen Wörter notiert und versucht hat, vor dem Hintergrund der Fehleranalyse herauszustellen, auf welchen Unsicherheiten diese wiederum beruhen könnten, kommt sie bei der Schülerin Tamara zu folgenden Hypothesen (OBERMAYR, 1997, S. 39):

> Bei der Fehleranalyse handelt es sich um eine Grobeinteilung ohne Anspruch auf Vollständigkeit. Mehrere der Lesefehler und Stockungen können auch andere bzw. mehrfache Ursachen haben. (...). Zusammengenommen mit den Beobachtungen zum Textverständnis ergab sich nach meiner Auffassung als Fazit,
>
> - dass Tamara die für das Rekodieren notwendigen Kenntnisse hat. Sie verfügt über die Grundregeln der Entsprechung, Folge und Vollständigkeit ...

- Unsicherheiten bestehen bei der Erfassung von Lautgruppen, der Häufung von Bi- und Trigraphen und teilweise bei den Umlauten.
- Das Segmentieren (vor allem längerer Worte) bereitet noch Probleme.
- Das Dekodieren auf Wort- und Satzebene wird noch nicht geläufig beherrscht, ist aber grundgelegt.
- Lexikalische Defizite erschweren die Sinnentnahme.

OBERMAYR erstellte auf der Grundlage dieser diagnostischen Daten Arbeitsblätter mit Übungen zu Umlauten, zu zusammengesetzten Substantiven auf der Basis von ein- und zweisilbigen Einzelwörtern, zu den Suffixen »-ung« und »-heit«, zur Bildung des Partizip Perfekt bei zusammengesetzten Verben, zu geläufigen Wortendungen und zu Wörtern mit [sch], [sp] und [st]. Hinzu kamen Übungen am Computer zur Silbentrennung und zur Wortbildung aus einzelnen Wortbausteinen und vieles weitere mehr.

Aber es waren auch andere Probleme zu lösen. Sechs Kinder konnten beispielsweise in der Diagnosephase das Instruktionsniveau nicht erreichen (vgl. auch KRONENBITTER in diesem Band). Die Lehrerinnen haben das Leseförderungsprogramm dennoch fortgesetzt und begannen manchmal sogar vorzeitig mit der Interventionsphase. Es hat sich gezeigt, daß es sich lohnt, einen gewissen Toleranzbereich hinsichtlich des Instruktionsniveaus zu akzeptieren, da alle diese sechs Schüler Erfolge im Bereich ihrer Leseleistungen aufwiesen, also die RWM-Werte durch Übung steigern konnten. Dies war jeweils bei zwei Schülerinnen und Schülern von Melanie STIER, Sonja SCHROER und Ulrike MÖLLERS der Fall. So diagnostizierte SCHROER bei der Schülerin Sandra (1998, S. 131):

> Sowohl bei der Benennung einzelner Buchstaben als auch bei ihrer Synthese hat sie zu Beginn der Förderung große Defizite. Selbst kurze und einfache Wörter kann sie nicht selbständig erlesen. Zu diesem Zeitpunkt spiele ich mit dem Gedanken, die Förderung abzubrechen. Ein Abbrechen der Förderung würde sich jedoch negativ auf das ohnehin schon schwache Selbstbewußtsein von Sandra auswirken und sie im Bereich der Sprache noch mehr verunsichern. Dies ist für mich der Grund, die Förderung in abgeänderter Form fortzusetzen.

Ihre Entscheidung, die Schülerin trotz deren unzureichender Leselernvoraussetzungen zu fördern, scheint richtig gewesen zu sein. SCHROER fasst resümierend zusammen (1998, S. 132):

> Betrachtet man die gesamte Förderung, so ist diese als erfolgreich anzusehen, trotz der widrigen Umstände. Zu Beginn der Förderung war Sandra nicht in der Lage, ein einziges unbekanntes Wort selbständig zu erlesen. Gegen Ende der Förderung kann sie kurze und einfache Wörter ohne fremde Hilfe lesen. (...). Zudem zeigt sich Sandra im Unterricht offener und gelöster, was nach Meinung der Klassenlehrerin auf ein gestärktes Selbstbewußtsein zurückzuführen ist.

Bei einer anderen Schülerin, die ebenfalls in der Diagnosephase das Instruktionsniveau nicht erreichte, sind die Erfolge vornehmlich auf der motivationalen Seite zu verzeichnen. So bemerkt SCHROER hier am Ende der Förderung (1998, S. 144): »Ihre anfängliche Aversion gegen das Lesen konnte deutlich abgebaut werden.«
Auch für die Interventionsphase haben die Lehrerinnen wertvolle Modifikationen und Erweiterungen erfunden und erprobt. Ein Kriterium, welches für eine erfolgreiche Leseförderung ausschlaggebend sein kann, ist die Lesemotivation. Diese Erfahrung machten alle Lehrerinnen. Dazu zählt nicht zuletzt der Inhalt der Lesetexte. Aus diesem Grund haben einige Lehrerinnen eigenständig Texte verfaßt, um die Interessen der Schülerinnen und Schüler in den Inhalt des Textes einzubeziehen und so den Aufforderungscharakter zu erhöhen. Allerdings zeigte sich, daß es in einigen Fällen problematisch war, einen sinnvollen Kompromiß zwischen interessantem Inhalt und lesetechnischem Schwierigkeitsgrad zu finden. Sonja SCHROER (1998) und Elisabeth OBERMAYR (1997) versuchten, neben den Textschwierigkeitskriterien auch auf den Inhalt der Lesetexte zu achten. So fragte OBERMAYR eine Schülerin, welche Wünsche sie bezüglich eines Lesetextes habe. Diese sagte, daß sie einen lustigen Text mit geläufigeren Wörtern lesen möchte. OBERMAYR schrieb »einen neuen Text und verband ihn mit dem Namen eines Mitschülers, auf den die Story inhaltlich paßte« (S. 42). Auch Ihrer Phantasie sind hier keine Grenzen gesetzt, wenn Sie die Inhalte der Lesetexte für Ihre Schülerinnen und Schüler individuell ansprechend gestalten möchten.

Sonja SCHROER (1998) beobachtete im Verlauf der Förderung des Schülers Christian, daß die Worthäufigkeit im alltäglichen Sprachgebrauch von hoher Relevanz bezüglich der Leseleistung ist (S. 118): »Christian kann Wörter, die im Alltag häufig Verwendung finden, schneller und leichter erlesen, als solche, die im täglichen Leben kaum verwendet werden.« Dabei ist es auch durchaus möglich, einen vorgegebenen Lesetext als Grundlage zu nehmen und dabei einige Wörter durch geläufigere zu ersetzen oder auch den Text durch einige selbstgeschriebene Sätze zu ergänzen. Auch Elisabeth OBERMAYR (1997) versuchte diesen Aspekt bei der Umgestaltung von Lesetexten zu berücksichtigen, indem sie als unbekannt vermutete Wörter durch geläufigere ersetzte. Dies hatte laut OBERMAYR günstige Auswirkungen auf die Leseleistung einer Schülerin (1997, S. 42): »M. E. hatte die einfache Struktur des Textes verbunden mit vielen Wörtern, die aus den anderen Unterrichtseinheiten bekannt waren, die Sinnantizipation und damit das Dekodieren erleichtert.«

Es existiert in der deutschen Fachliteratur zum Thema Worthäufigkeit unseres Wissens nur eine Veröffentlichung, die Sie für eine Worthäufigkeitsanalyse verwenden können, wenn Sie sich hierbei nicht nur auf Ihre

Intuition verlassen möchten. Dieses Wörterbuch von Pregel und Rickheit (1987) befaßt sich mit den Häufigkeiten im verbalen, substantivischen und adjektivischen Wortgebrauch. Sie finden in diesem Beitrag die Ergebnisse einer umfassenden Bestandsaufnahme des kindlichen Wortschatzes im Primarbereich unter Berücksichtigung von schulischen, alters-, geschlechts-, sozialschicht- und themenspezifischen Aspekten. Es werden Häufigkeitsverteilungen in Form von Lexemlisten sowohl hinsichtlich der Wortarten als auch hinsichtlich des mündlichen und schriftlichen Sprachgebrauches differenziert dargestellt. Kritisch zu beachten ist bei dieser Untersuchung zwar, dass ihr ein Sprachkorpus aus den Achtziger Jahren zugrunde liegt, der heutzutage nur noch mit gewissen Einschränkungen aussagekräftig sein dürfte, weil sich der Wortschatz von Kindern und Jugendlichen ständig wandelt, aber wer die Zeit aufbringen kann, die sprachstatistischen Daten von Pregel und Rickheit (1987) beim Auswählen, Schreiben und Umschreiben von Lesetexten zu beachten, wird die lexikalisch bedingte Schwierigkeit seiner Texte viel besser kontrollieren können als wenn er sich nur auf sein Gespür verläßt.

Sollte ein Lesetext aus vielen dem Schüler unbekannten Wörtern bestehen, bietet es sich an, diese Wörter vor der Testphase zu besprechen. Ulrike Möllers (1997) hat mit dieser Strategie gute Erfolge erzielt, wie sie am Beispiel erläutert (S. 99):

Im Verlauf der Förderung wird deutlich, daß Andre einen recht eingeschränkten Wortschatz hat. Viele im normalen Sprachgebrauch geläufige Wörter wie z. B. »Schaffner« oder bestimmte Phrasen wie »jemanden etwas übelnehmen« und »etwas zu einer Bemerkung hinzusetzen« kennt er nicht. Zu Anfang der Fördermaßnahme frage ich ihn in jeder Sitzung nach der Kenntnis solcher Wörter, Ausdrücke etc., um sicher zu gehen, daß er sie verstanden hat. Im weiteren Verlauf des Trainings fragt er von sich aus nach der Bedeutung ihm unbekannter Wörter.

Elisabeth Obermayr variierte die Interventionsphase gezielt durch Zusatzübungen, Arbeitsblätter und Lesehilfen, um auf die individuellen Lesedefizite der Schülerinnen und Schüler einzugehen. So setzte sie beispielsweise Lesestreifen, die bereits entschlüsselte Wortteile abdecken, als zusätzliche Lesehilfe bei einem Schüler ein, welcher Unsicherheiten bei der Segmentierung hatte. Der Schüler verfügte über diese Fähigkeit erst in minimalen Ansätzen; korrekt segmentierte er nur an wenigen Stellen. Der Schüler bekam dann den Auftrag, zumindest bei langen Wörtern mit einem Lesestreifen zu arbeiten. Das Ziel bestand darin, ihn bei den Segmentierungsprozessen zu unterstützen. Obermayr stellt im Nachhinein fest (1997, S. 132),

... daß sich hinsichtlich der Durchgliederungsfähigkeit so gut wie keine merklichen Fortschritte eingestellt haben. Lediglich bei zusammengesetzten Nomina merkt man an der Handhabung des Lesestreifens, daß Bernd jetzt öfter das Ende des ersten Wortes merkt, also bereits dekodiert, das erste Wort abspeichert und mit dem zweiten neu beginnt, es aufzubauen. Früher setzte der Versuch der Sinnentnahme immer erst nach dem Rekodieren bis zum letzten Buchstaben ein.

Einige Lehrerinnen boten den Schülerinnen und Schülern an, die Texte mitzunehmen und zu Hause zu üben. Auch wenn erfahrungsgemäß nicht alle Kinder dieses Angebot annehmen, ist es allemal den Versuch wert – manche Kinder erstaunen bei ersten Erfolgen in einem lange Zeit erfolglos erlebten Gebiet mit verblüffendem häuslichen Fleiß. Positive Ergebnisse mit solchen häuslichen Übungen verzeichnete z. B. Sonja SCHROER bei ihrer Schülerin Sandra (1998, S. 126):

Nachdem ich Sandra das erste Wort des Übungstextes vorgegeben habe, liest sie fließend einen Großteil der nachfolgenden Wörter. Ich bin zu diesem Zeitpunkt sehr überrascht. Gestern war sie nicht in der Lage, kurze und einfache Wörter selbständig zu erlesen und heute liest sie selbst schwierige Wörter, wie z. B. »Waschmaschine«, ohne Probleme.

»Besser lesen mit System« empfiehlt die intensive Übung in Einzelförderung, eine solche lässt sich im schulischen Alltag jedoch nicht immer realisieren. Aufgrund von organisatorischen und personellen Problemen war OBERMAYR (1997) gezwungen, die Leseförderung im Rahmen eines binnendifferenzierten Unterrichts mit individuellen Lernzielkontrollphasen durchzuführen. Die Schüler lasen ca. 10 Minuten leise einen Text, um diesen anschließend der Lehrerin 3 Minuten lang vorzulesen. Dadurch verringerten sich natürlich die Förderintensität und der Umfang der individuellen Zuwendung. Der Schwerpunkt des Übens lag nun nicht mehr im lauten, sondern im leisen Lesen. Die Ergebnisse der Leseleistungen der Schüler von OBERMAYR zeigen, daß die Leseübung auch in dieser Form Früchte tragen kann, wie Sie an den Ergebnissen in Tabelle 16 ablesen können.

Wenn in der pädagogischen Theorie immer wieder gefordert wird, man solle die Lernenden als Partner im Lehr- und Lernprozess behandeln, sollte dies Konsequenzen für die praktische Arbeit haben und in der Tat zu einer partnerschaftlichen Beteiligung der Schülerinnen und Schüler führen. Elisabeth OBERMAYR (1997) und Stephanie KRONENBITTER (1998) haben deshalb zusätzlich Befragungen zur Selbsteinschätzung der Schüler bezüglich ihrer Leseleistungsverbesserung und zur Beurteilung des Lesetrainings nach Beendigung der Intervention durchgeführt. Ausgangspunkt war bei KRONENBITTER (S. 120) die Frage, »...ob zum einen die Schülerinnen und Schüler selbst gerne an der Leseförderung teilgenommen haben, und ob sich zum anderen, aus dem Blickwinkel ihrer Klassenlehrerinnen betrachtet, ihre Lesefähigkeit außerhalb der Leseförderung, z. B. im Unterricht, spürbar verändert hat.« Die Befragung ergab, dass nahezu alle Schülerinnen und Schüler die Leseförderung als sinnvoll und hilfreich erlebt hatten und gerne am Förderprogramm teilgenommen haben. Es wurde zudem deutlich, dass die Kinder vor allem Spaß an der Gestaltung der Lernkurve hatten. Auch die Situation der Einzelförderung wurde von fast allen als angenehm empfunden. In bezug auf die Einschätzungen der Lehrerinnen zu den Lernfortschritten der Schülerinnen und Schüler stellt KRONENBITTER (1998, S. 132) fest:

> Die hier dokumentierten Einschätzungen der Lehrerinnen zu den Lernfortschritten von Konrad, Matthias, Miriam und Nicole zeigen, dass das soziale Umfeld dieser Schülerinnen und Schüler, hier repräseniert durch die Klassenlehrerinnen, die ... dargestellten und diskutierten Fortschritte im Lesen als eine spürbare Veränderung wahrgenommen hat. Auch wenn diese Lernerfolge hinsichtlich der Lesefähigkeit für die einzelnen Schülerinnen und Schüler unterschiedlich ausgefallen sind, so wurde doch für alle Teilnehmerinnen und Teilnehmer eine Veränderung in bezug auf das Selbstvertrauen und die Selbsteinschätzung registriert.

OBERMAYR hat ihren Schülerinnen und Schülern schriftliche Fragebögen vorgelegt und sie unter anderem gebeten, eventuelle Transfereffekte der Leseförderung auf Leseanlässe in alltäglichen Lebensbereichen wie z. B. Einkaufen, Fernsehen, Liebesbriefe lesen usw. zu beurteilen. Alle Schülerinnen und Schüler gaben positive Rückmeldungen. Als Beleg und zur Veranschaulichung finden Sie in der folgenden Abbildung 15 den von OBERMAYR verfassten Fragebogen, den die Schülerin Tamara, in den Tabellen 15 und 16 Kind 1, ausgefüllt hat.

Name............................

Wie war das Lesetraining?

Kreuze immer an:	**stimmt**	**stimmt nicht**
Das Lesetraining war anstrengend		X
Das Lesetraining hat Spaß gemacht	X	
Ich bin froh, daß es vorbei ist		X
Ich würde gerne noch weitermachen	X	
Die Texte waren in Ordnung	X	
Ich hätte lieber andere Texte gehabt		X
Die Texte hatten die richtige Länge	X	
Die Texte waren zu lang	X	
Die Texte waren zu kurz		X
Meine Fortschritte wären größer gewesen, wenn Frau Obermayr immer mit mir alleine geübt hätte	X	
Ich wäre auch ganz ohne Training ebenso besser geworden		X

Kreuze hier nur 1 Kästchen an. Lies erst alles durch:

Ich bin im Lesen **nicht** besser geworden

Ich bin im Lesen **ein bißchen** besser geworden X

Ich bin im Lesen **viel** besser geworden

Ich bin im Lesen **sehr viel** besser geworden

Hier kannst Du so viele Kreuze machen wie Du möchtest:

Wenn man lesen kann, ist einiges leichter. Wo merkst Du das?

Bei den Hausaufgaben X

In den anderen Fächern im Unterricht

Beim Einkaufen X

Wenn ich in die Stadt fahre X

Beim Fernsehen

Wenn ich Zettel oder Liebesbriefe von Mitschülern bekomme

Beim Kochen in Hauswirtschaft X

Wo sonst noch? Schreibe auf:.........beim Vorlesen in der Klasse..

Hast Du Wünsche für das nächste Training?

Was sollte anders sein?

.Das Lesetraining ist gut so, das kann so bleiben..

Abb. 15: Tamaras Fragebogen zur Beurteilung des Leseübungsprogramms (leicht geändert aus OBERMAYR, *1997, S. 49)*

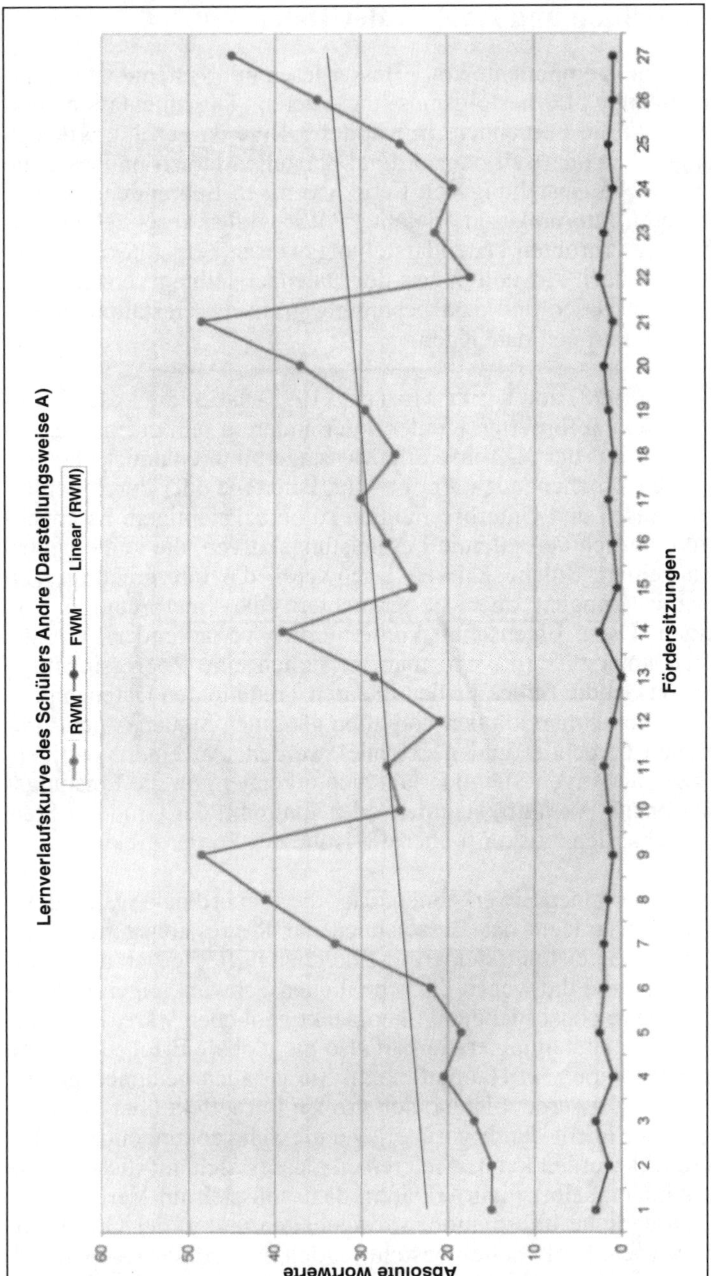

Abb. 16: Lernverlaufskurve in ordinaler Darstellung mit Regressionsgerade (aus MÖLLERS*, 1997, S. 100)*

5.3 Darstellung und Analyse der Daten

Eine wesentliche Komponente von »Besser lesen mit System« ist die unterrichtsbegleitende Lernerfolgsmessung, deren Dokumentation und Rückmeldung an die Lernenden. In Kapitel 3.4 wurde gezeigt, wie sich Leseleistungen kalendarisch oder ordinal darstellen lassen und dass die überlegte grafische Gestaltung von Lernkurven den Lehrenden und den Lernenden deren Interpretation erleichtert. Wir wollen abschliessend einige der bislang erprobten Datendarstellungsweisen betrachten und zeigen, wie sich je nach Art und Weise der Datendarstellung verschiedene Aspekte betonen lassen und dass bestimmte grafische Gestaltungen bestimmte Interpretationen nahelegen.

Sonja SCHROER (1998) und Ulrike MÖLLERS (1997) haben die Leseleistungen der von ihnen geförderten Kinder unter anderem rein ordinal dargestellt. Sie haben auf der X-Achse alle Messtage hintereinander abgetragen, ohne durch Wochenenden, Ferien- und Feiertage oder durch Fehltage bedingte Pausen und Unterbrechungen zu berücksichtigen. Es entstehen so kontinuierlich verlaufende Leseleistungskurven, die keine Unterbrechungen zeigen. Solche Kurven erschweren die Interpretation von Leistungsschwankungen, aber sie erleichtern die Interpretation von Haupteffekten. Diese Eigenschaft kontinuierlich verlaufender Lernkurven läßt sich unterstützen, wenn man zusätzlich eine Regressionslinie einzeichnet; das ist die Linie, die den linearen Trend in den Daten angibt. Solche Regressionslinien können von allen gängigen Statistik- und Grafikprogrammen berechnet und gezeichnet werden. An einer positiven, neutralen bzw. negativen Steigung läßt sich erkennen, ob die Leistungsentwicklung positiv verläuft, stagniert oder abnimmt; der Grad der Steigung gibt anschaulich Auskunft über die Höhe des Fördereffektes.

In Abbildung 16 können Sie erkennen, dass die rein ordinale Darstellung der Daten und besonders das Einzeichnen der Regressionsgeraden die insgesamt positive Leistungssteigerung erkennen hilft, die sich der Schüler erarbeitet hat und die wegen der erheblichen Schwankungen im Verlauf der Lernkurve sonst vielleicht unentdeckt geblieben wäre. Eine solche Art der Datendarstellung erleichtert also die globale Erfolgskontrolle und die Identifikation von Haupteffekten. Sie ist auch geeignet, gerade dies dem Schüler zu verdeutlichen: den großen Lerneffekt über die Tage und Wochen, der leicht durch vorübergehende Schwankungen im Lernprozess verdeckt werden kann. Andererseits lassen sich auf diese Weise die Schwankungen selbst nicht erklären, dazu müssten im Verlaufe der Förderung zusätzliche Informationen festgehalten und in der Grafik dokumentiert werden. Nicht selten besteht jedoch ein grosses lesepädagogisches Interesse daran, nicht nur Haupteffekte zu erkennen, sondern auch Leistungsschwankungen zu erklären; denn zum einen sollte man versuchen, Einbrüche in der Leistungsentwicklung zu erklären, um im Rahmen des Förderprogrammes angemessen reagieren zu können, zum anderen ist nicht nur Leistungssteigerung, sondern auch Leistungsstabilisierung ein wichtiges Ziel schulischer Förderung.

Wie kamen die Leistungsschwankungen bei Daniel in Abbildung 16 und besonders die Leistungsrückschritte am 10., 15. und 22. Tag zustande? Es kann an der Tagesform gelegen haben, aber vermutlich war der Wechsel zu einem neuen Lesetext für diese kurzzeitigen Leistungeinbrüche verantwortlich. Es ist nicht ungewöhnlich, dass Kinder beim Übergang zu einem neuen Lesetext zunächst – relativ zu den Vortagen gesehen – langsam lesen. Dieses Phänomen lässt sich einfach erklären: Wenn ein Kind einen bestimmten Text drei, vier oder fünf Tage übt, gelingt das Lesen bei diesem speziellen Text immer schneller und immer genauer, d. h., das Lesetempo nimmt zu, die Anzahl der Verlesungen nimmt ab. Beim Wechsel zu einem neuen Text muss sich das Kind zunächst auf die neuen Anforderungen, die dieser Text stellt, einstellen, erst allmählich steigen die Leistungen wieder auf das beim Vortext gezeigte Niveau. Der Witz des Förderprogramms liegt ja gerade darin, dass das Kind immer wieder die Erfahrung macht, dass es seine Leistungen steigern kann, und aus pädagogischer Sicht unterliegt diesem Vorgehen die Hoffnung, dass sich langfristig textübergreifende Transfereffekte einstellen.
Abbildung 17 zeigt am Beispiel des Schülers Tim deutlich beide Effekte: Die Leistungen steigen – mikroanalytisch betrachtet – Text für Text und fallen bei Textwechsel zunächst ab, in der Abbildung grafisch hervorgehoben durch Verknüpfung der Datenpunkte, die sich auf einen Text beziehen. Zugleich steigen die Leistungen – makroanalytisch betrachtet – in einem Zeitraum von gut 11 Unterrichtswochen insgesamt an, denn bei allmählicher Leistungssteigerung liest Tim an den letzten Tagen der Intervention schneller und genauer als an den ersten Tagen.

Abb. 17: Aktuelle Leseleistungen in Abhängigkeit von Textwechseln (aus SCHROER, *1998, S. 107)*

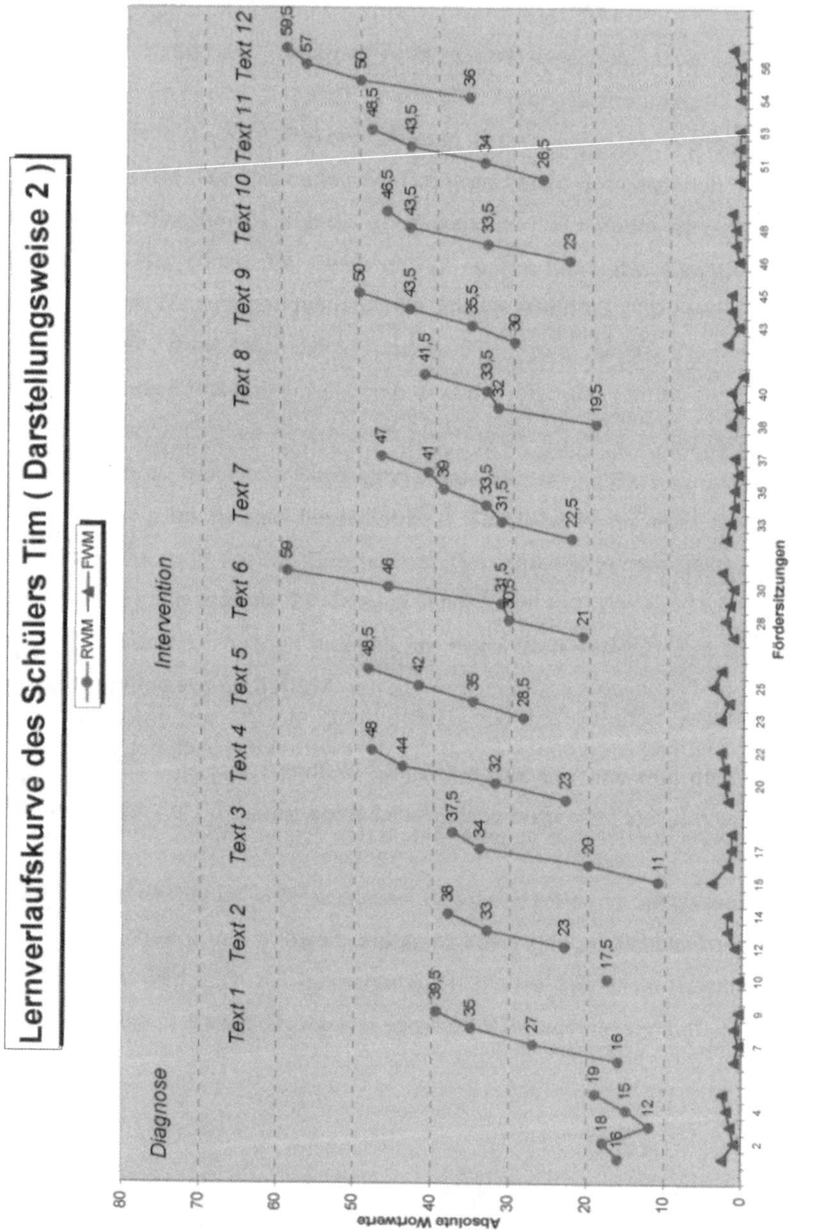

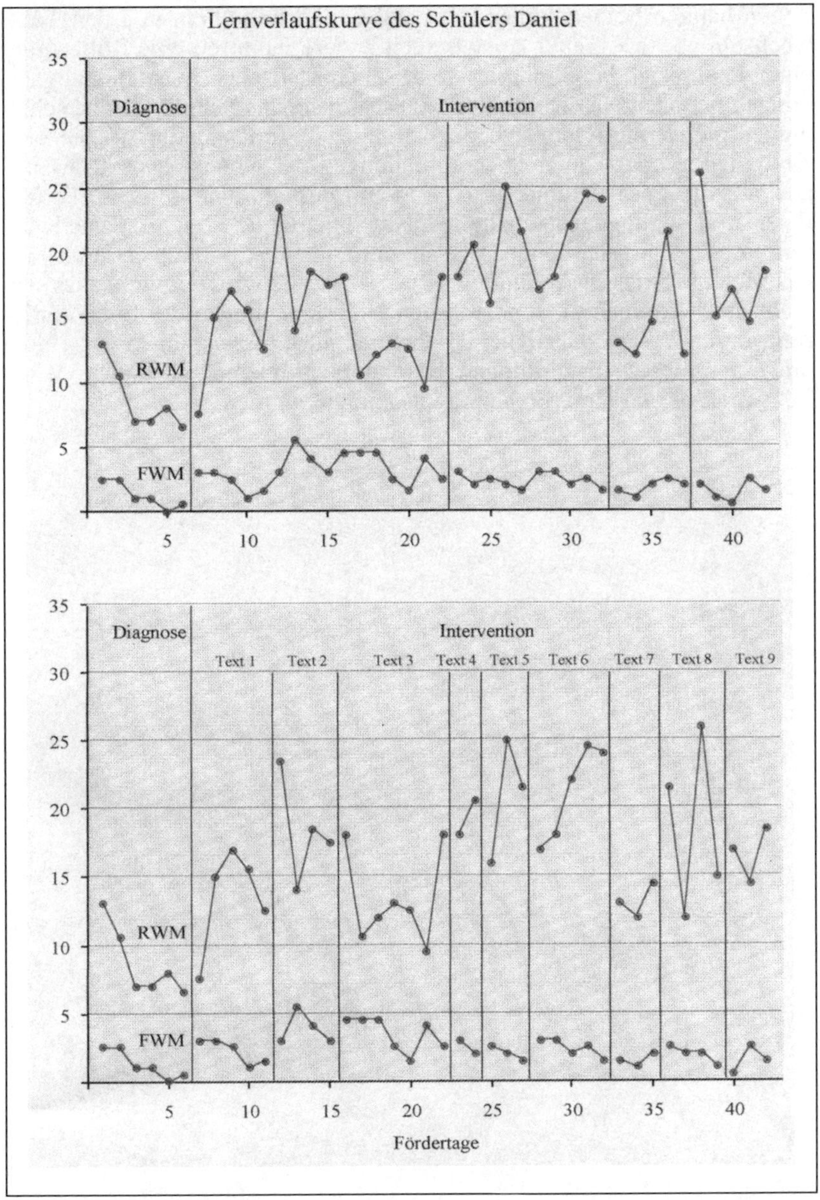

Abb. 18: Lernverlaufskurve über einen Übungszeitraum von 14 Unterrichtswochen mit Kennzeichnung der Pausen und Textwechsel (aus STIER, *1998, S. 64)*

Selten hängen Schwankungen in der Leseleistung allein von den Textwechseln ab, fast immer spielen auch andere Faktoren eine Rolle. Zum einen lassen sich bei Kindern wie bei allen Menschen Leistungsschwankungen beobachten, die von der Tagesform abhängig sind. Wer ist schon immer gleich motiviert sich anzustrengen? Zum anderen wirken sich Krankheiten oder längere Unterbrechungen der Unterrichtszeit fast immer auf die Leseleistungen aus. Es kann deshalb sinnvoll sein, Ferien, Feier- und Fehltage festzuhalten und auch markante Ereignisse wie Klassenfahrten, Klassenarbeiten, Erkrankungen usw. zu dokumentieren, wie das Melanie STIER in Abbildung 18 getan hat: Es wird deutlich, dass sich nicht nur Textwechsel, sondern auch Unterbrechungen der Einzelförderung durch Ferien oder Klassenfahrt auf die Leseleistungen auswirken und dass diese Auswirkungen besonders gravierend ausfallen, wenn Textwechsel und Unterbrechung zusammenkommen.

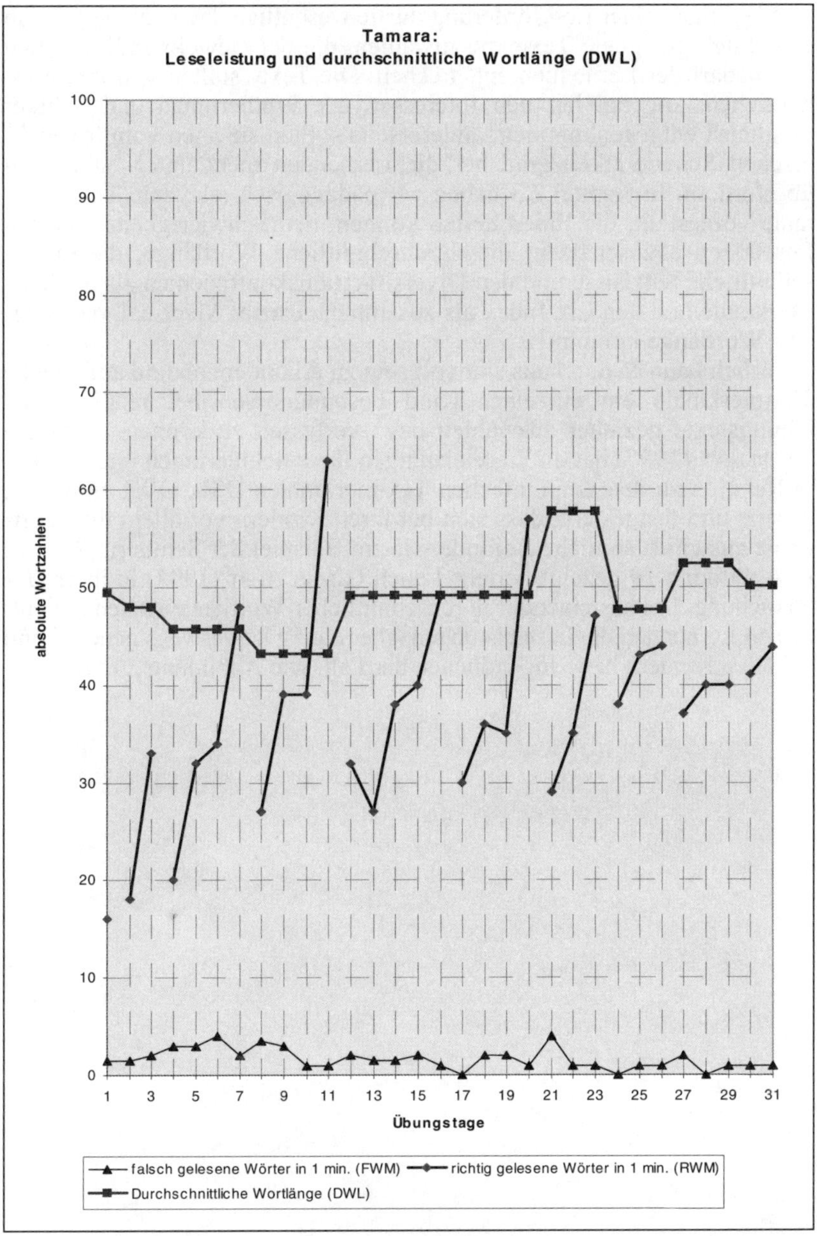

Abb. 19: Aktuelle Leseleistungen in Abhängigkeit von der durchschnittlichen Wortlänge (aus OBERMAYR, *1997, S. 52)*

Das Gelingen einer Leseförderung dürfte wesentlich davon abhängen, ob es gelingt, geeignete Texte auszuwählen, die dem jeweils individuellen Lesebedarf der Lernenden entsprechen. Die Texte sollten von ihrem inhaltlichen Angebot her den Interessen der Schülerinnen und Schüler möglichst entgegenkommen, andererseits sollten sie auch vom lesetechnischen Schwierigkeitsgrad her die Lernenden nicht unter- und nicht überfordern. In Kapitel 2.3 haben wir pädagogisch relevante Textmerkmale vorgestellt, die Ihnen helfen können, den Schwierigkeitsgrad von Lesetexten abzuschätzen: die durchschnittliche Wortlänge, die durchschnittliche Satzlänge und den Diversifikationskoeffizienten als einfache Merkmale und den Lix-Index als zusammengestztes Merkmal, das Satz- und Wortlänge kombiniert.
Natürlich kann es durchaus sinnvoll sein zu erkunden, ob und auf welche Textmerkmale ein einzelnes Kind besonders sensibel reagiert, um Übungstexte gezielter auswählen bzw. verfassen zu können. Elisabeth Obermayr (1997) hat die Leseleistungen ihrer Schülerinnen und Schüler in Relation zu den drei einfachen Textmerkmalen DSL, DWL und TTR gesetzt und festgestellt, dass sich bei ihren Kindern vor allem die Wortlänge auswirkt; ähnliche Befunde wie am Beispiel der Schülerin Tamara in Abbildung 19 gezeigt berichtet auch Gisela Aust (1997) in ihrer Untersuchung. Bei ansteigender durchschnittlicher Wortlänge sinken bei einzelnen Lernenden die Leseleistungen, aber das ist keineswegs generell und bei allen Kindern bzw. Jugendlichen der Fall, wie Abbildung 20 zeigt.

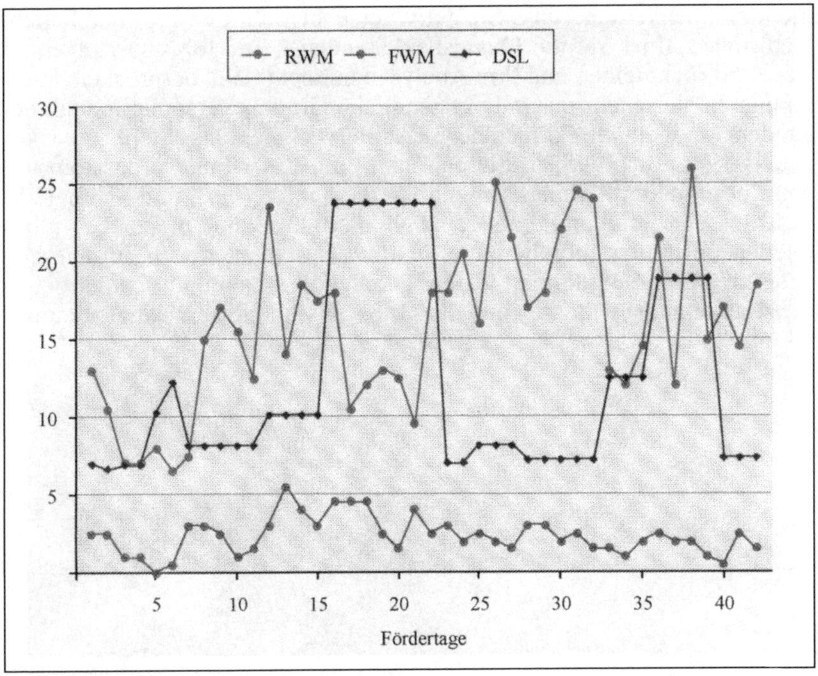

Abb. 20: Aktuelle Leseleistungen in Abhängigkeit von der durchschnittlichen Satzlänge (aus STIER, *1998, S. 67)*

Bei Daniel, einem Schüler aus dem Förderversuch von Melanie STIER (1998), korreliert die Leseleistung offensichtlich mit der durchschnittlichen Satzlänge. Die mittlere Datenreihe zeigt die durchschnittliche Satzlänge an. Beachten Sie, dass diese an den Tagen 12 bis 15 bei 10 Wörtern liegt und für die Zeit vom 16. bis zum 22. Tag auf 24 Wörter ansteigt. Dieser Verdoppelung der Satzlänge korrespondiert ein Absinken der Lesegeschwindigkeit von durchschnittlich 18 auf nur 11 bis 12 richtig gelesene Wörter. Offensichtlich bereiten diesem Schüler, der ohnehin nur sehr langsam liest, lange Sätze grosse Schwierigeiten, während Gisela AUST (1997) und Sonja SCHROER (1998) auch von Kindern berichten, deren Leseleistungen bei Ansteigen des TTR-Indexes deutlich zurückgehen.

Analysen wie diese sind nicht sicher, aber immerhin besser als bloßes Raten. Es ist allemal zielführender, die individuellen Leseleistungen eines Kindes, das sich redlich und über einen längeren Zeitraum um besseres Lesen bemüht, explorativ zu untersuchen und mögliche Faktoren, die wichtig scheinen, systematisch zu variieren, als das Kind einfach darauf los üben zu lassen. Das Kind wird merken, dass Sie sich in seine Probleme hineindenken und dass Sie aktiv versuchen, ihm wirksam zu helfen. Natürlich sollten Sie die übungsbegleitenden Lernerfolgsmessungen an das Kind rückmelden und Ihre Analysen mit dem Kind besprechen. Hierzu eignen sich nicht nur gut verständliche Graphiken, sondern auch besonders kindgemäße Formen der Leistungsrückmeldung. Stephanie KRONENBITTER z. B. (1998, in diesem Band) hat das Übungsprogramm mit einer besonderen Aufmerksamkeit für die Schülerinnen und Schüler abgeschlossen: Sie überreichte jedem Kind ein Lesediplom, das die individuellen Leistungen bescheinigte, und ein Geschichtenbuch, in dem alle gelesenen Texte gesammelt waren. Die Schülerinnen und Schüler haben die Anerkennung genossen und die kleine Belohnung gerne angenommen.

6 Rückblick und Ausblick

In diesem Buch haben wir uns in Theorie und Praxis mit dem Lesenlernen im allgemeinen und mit Fragen der besonderen Förderung lernbeeinträchtigter Schülerinnen und Schüler im besonderen befasst. Wir haben gesehen, dass Leseversagen ein weit verbreitetes Problem ist, an dem auch die Förderschulen und Sonderschulen ihren Anteil haben. Theoretische Analysen haben gezeigt, dass das Lesenlernen als eine langjährige Entwicklungsaufgabe zu betrachten ist, die sich grob in die drei Phasen Erstlesen, Weiterführendes Lesen und Angewandtes Lesen unterteilen lässt. Die Bewältigung dieser Entwicklungsaufgabe Lesenlernen muss schulisch begleitet und bei lernbeeinträchtigten Kindern systematisch und intensiv gefördert werden. Es wurde deutlich, dass ein erfolgreich absolvierter Erstleselehrgang ein erster großer und wichtiger, aber nicht der letzte Schritt beim Lesenlernen ist: leseschwache Schülerinnen und Schüler leiden fast immer an einer ungenügenden Automatisierung der elementaren Lesefertigkeiten, die wir in einem vereinfachten Vier-Komponenten-Modell das Rekodieren, das Dekodieren, das Wortverstehen und das Satzverstehen genannt haben.

»Besser lesen mit System« ist ein Rahmenprogramm zum weiterführenden Lesen, das die wiederkehrende, systematische und intensive Übung flüssigen und sinnentnehmenden Lesens anstrebt, um die Ergebnisse des Erstleselehrgangs zu sichern und das Angewandte Lesen vorzubereiten. Als Grundvoraussetzungen gelten

- ein altersgemäß entwickelter passiver Grundwortschatz und überhaupt ein altersgemäß entwickeltes Sprachverständnis,
- ein erfolgreich abgeschlossener Erstleselehrgang, in dem etwa 90 Prozent der Graphem-Phonem-Korrespondenzen des Deutschen erlernt wurden.

Die in Kapitel 5 referierten Studien haben gezeigt, wie wichtig es ist, dass beide Grundvoraussetzungen gegeben sind. Kinder, deren Sprachverständnis nicht altersgemäß entwickelt ist, können von einem Leseübungsprogramm nur wenig profitieren. Im Endeffekt können sie nur mechanisches Rekodieren üben, ohne dass sie ihr grammatisches und semantisches Wissen beim Lesen ausreichend einsetzen können. Das Üben wird über Gebühr anstrengend und kann nur zu einem sinnlosen Vorlesen führen. Wir haben dies besonders bei Kindern und Jugendlichen erlebt, deren Muttersprache nicht die Deutsche Sprache ist. Systematisches Lesetraining macht in solchen Fällen wenig Sinn, eine allgemeine Sprachförderung muss Vorrang haben – diese Kinder und Jugendlichen haben vorrangig einen anderen Förderbedarf als das Automatisieren des Leseprozesses. Für Kinder, die den Erstleselehrgang nicht erfolgreich abgeschlossen haben, ist »Besser lesen mit System« ebenfalls nicht indiziert, weil verfrüht; das Rekodieren muss erlernt sein, bevor es mit dem Ziel der Automatisierung intensiv geübt werden kann.

Leselernschwierigkeiten werden in diesem Buch nicht als Symptome für andere Probleme kognitiver, sozialer oder emotionaler Art aufgefasst, sondern direkt angegangen. Wir haben gezeigt: Wenn man das Lesen selbst zum Gegenstand von Diagnose und Intervention macht, lassen sich praktikable, sinnvolle, ausreichend präzise, einfach zu erhebende und anschaulich zu interpretierende Maße für Genauigkeit, Geläufigkeit und Sinnentnahme beim Lesen definieren: die Anzahl der fehlerhaft gelesenen Wörter pro Minute, die Anzahl der korrekt gelesenen Wörter pro Minute und der Prozentsatz der korrekt beantworteten Fragen zum Inhalt des Textes. Schon diese drei Kennwerte für die Qualität des Lesens reichen aus, um beurteilen zu können, ob sich ein gegebener Text für ein Kind auf Frustrationsniveau, auf Instruktionsniveau oder auf Funktionalem Niveau befindet.

Im diagnostischen Kapitel wurde gezeigt, dass einer möglichst guten Passung zwischen individuellem Lesevermögen auf seiten des/der Lernenden und dem lesetechnischen Schwierigkeitsgrad eines zu lesenden Textes im Hinblick auf die Erfolgswahrscheinlichkeit große Bedeutung zukommt. Wir haben vorgeschlagen, direkte Diagnostik durch mehrtägigen, tastend-suchenden Probeunterricht zu betreiben und die lesetechnischen Ansprüche, die ein Text stellt, mittels dreier Kennwerte abzuschätzen: der durchschnittlichen Wortlänge, der durchschnittlichen Satzlänge und dem Diversifikationsquotienten. Wir haben als zusammengesetzten Kennwert den Lesbarkeitsindex vorgestellt, der Satz- und Wortlänge kombiniert. Systematische Forschung muss in Zukunft klären, wie aussagekräftig diese Kennwerte wirklich sind, vor allem auch für die besondere Zielgruppe der Kinder mit ernsthaften Leselernproblemen. Ausserdem müsste man empirisch untersuchen, welche kritischen Werte sich zur Bestimmung von Überforderungsniveau, Instruktionsniveau und Funktionalem Niveau anbieten, ob diese für unterschiedliche Phasen des Leselernprozesses unterschiedlich angesetzt werden müssen und ob bei Kindern mit Lernschwierigkeiten eventuell andere Kriterien zu verwenden sind als bei Kindern, die das Lesen vergleichsweise problemlos erlernen.

Einige Fallbeispiele haben gezeigt, dass es sehr wohl möglich ist, das flüssige und sinnentnehmende Lesen auf täglicher Basis direkt und intensiv zu üben. Wir haben somit BÖHMS Forderung (1988), der Übung im Unterricht mit lernbeeinträchtigten Kindern wieder mehr Beachtung zu schenken, an einem Beispiel exemplarisch realisiert. Nur: Welche Faktoren sind maßgeblich für den Erfolg? Wann macht Übung den Meister, und unter welchen Umständen nicht? Mangels systematischer bedingungsanalytischer Forschung weiss diese Fragen zum gegenwärtigen Zeitpunkt niemand so genau zu beantworten, aber es gibt nach unserer Auffassung vier Faktoren, die im Verdacht stehen, über Wohl und Wehe des Programms zu entscheiden:

1. Wer das Programm korrekt implementiert, stellt in der Diagnosephase eine gute Passung zwischen dem individuellem Leser und den zu übenden Lesetexten her. Eine optimale Passung zwischen den Lernvoraussetzungen auf seiten der Lernenden und den unterrichtlichen Anforderungen war schon immer zentral für den Erfolg schulischer Maßnahmen.

2. Wer das Programm richtig anwendet, übt direkt das Lesen, und dies systematisch, intensiv und auf täglicher Basis. Die Schülerinnen und Schüler bekommen genügend Gelegenheit zu üben und zugleich lernen sie, dass sie an ihrem Lesen arbeiten können und dass tägliche intensive Arbeit sich lohnt. Wer sich auf diese Weise Lernerfolge redlich erkämpft, gewinnt wichtige Lebenserfahrungen; denn gerade lernbeeinträchtigte Kinder sind häufig demotiviert und verhalten sich in Leistungssituationen relativ passiv.

3. Wer das Programm so, wie hier empfohlen, umsetzt, entwickelt gemeinsam mit dem Schüler eine Grafik, die den Lernfortschritt von Tag zu Tag darstellt. Der Schüler entwickelt ein Gespür für sein eigenes Lernen, erkennt Schwankungen in der Tagesform und kann mit der Zeit hoffentlich selbst Lernfortschritte in einem bislang vorwiegend als problematisch erlebten Lernbereich feststellen. Ihm wird die Chance eröffnet, aus Freude am Erfolg zu lesen und eine intrinsische Lesemotivation zu entwickeln, die auch außerhalb der Schule trägt und die ansonsten Leseversagern in aller Regel versagt bleibt.

4. Die von Lehrerin und Schüler entwickelte Grafik stellt eine kontinuierliche, unterrichtsbegleitende, curricular valide Leistungsrückmeldung dar – nicht nur für den Schüler, auch für seine Lehrerin. Diese kann bei sinkenden Leistungen binnen weniger Tage erkennen, dass die Förderung ganz und gar nicht optimal verläuft. Sie kann beim Schüler und in

seiner Umwelt, aber auch bei sich selbst, im Textmaterial oder in der Ausgestaltung der Übungsarrangements nach Fehlern suchen und Modifikationen vornehmen. Diese können erneut anhand des weiteren Lernverlaufs beurteilt werden.

Die in diesem Buch dargestellten Fallbeispiele haben Erfolge gezeigt, aber auch erste Probleme erkennen lassen. Wenn die beiden zentralen Voraussetzungen, eine grundlegende Entwicklung des Sprachverständnisses und ein erfolgreich absolvierter Erstleselehrgang, nicht oder nur mit Einschränkungen gegeben sind, muss man mit gravierenden Problemen rechnen – eventuell ist »Besser lesen mit System« gar nicht indiziert. Unsere ersten praktischen Erfahrungen deuten darauf hin, dass bei mangelhafter Lesetechnik infolge eines unvollständig gesicherten Erstlesens die durchschnittliche Wortlänge die zentrale Variable zur Ermittlung des lesetechnischen Schwierigkeitsgrades eines Übungstextes sein dürfte, während bei mangelhaftem Sprachverständnis die durchschnittliche Satzlänge besonders wichtig zu sein scheint. Auch in diesem Punkt fehlt bislang empirische Forschung, die zeigt, welche Textmerkmale faktisch bei welchen Lernenden besonders wichtig sind. Überhaupt können alle in diesem Buch berichteten Ergebnisse nur vorläufige Gültigkeit beanspruchen, da sie nicht in methodisch streng kontrollierten Untersuchungen, sondern in explorativen Fallstudien gewonnen wurden. Andererseits kann in explorativen Fallstudien immerhin geprüft werden, ob sich ein Programmentwurf überhaupt unter den Bedingungen der alltäglichen pädagogischen Praxis umsetzten läßt, ob eine solche Umsetzung Erfolge verspricht und welche Variationen und Ergänzungen sich in Einzelfällen mehr, welche sich weniger gut bewähren.

Es sei nochmals daran erinnert, dass wir uns hier vorrangig mit dem Problem mangelnder Leseflüssigkeit befasst haben. Viele andere zentrale Themen, die sich hier anbieten, wurden nicht berücksichtigt, wie etwa das große Problem des nachholenden Erstleselehrgangs bei Kindern, die bereits einen Lehrversuch erfolglos über sich ergehen lassen mussten (vgl. Böhm, 1993; 1996), die qualitative Analyse von Verlesungen, die diagnostisch und therapeutisch überaus wichtig ist (vgl. Probst, 1985), die Möglichkeit einer Lesediagnostik durch Testverfahren (Probst, 1983) oder der Aufbau eines übergreifenden Leselehrprogrammes (Probst & Wacker, 1986). »Besser lesen mit System« ist eben kein Allheilmittel, sondern ein Rahmenprogramm für alle diejenigen Kinder und Jugendlichen, deren vorrangiges Problem in der Entwicklung funktionaler Lesefertigkeiten die mangelnde Automatisierung ist, unabhängig vom Alter und unabhängig von etwaigen klinisch-psychologischen oder sonderpädagogischen Klassifizierungen, unabhängig vom Lernort und von der Lerngruppe, also gleich, ob die Kinder eine Sonderschule oder eine

Regelschule, eine Sonderklasse oder eine Integrative Klasse besuchen. Dass der Automatisierung des Leseaktes zentrale Bedeutung zukommt, haben schon unsere theoretischen Analysen im ersten Kapitel gezeigt. Empirische Untersuchungen an schwachen Leserinnen und Lesern unter amerikanischen, deutschen und österreichischen Kindern haben belegt, dass diese in der Tat besondere Probleme mit dem Erwerb automatisierten Lesens haben (Ackerman & Dyckman, 1982; Ceci, 1983; Eakin & Douglas, 1971; Klicpera, 1985; Klicpera, Gasteiger-Klicpera & Schabmann, 1993; Rott & Zielinski, 1984; 1985).

»Besser lesen mit System« wurde als theoretisch fundiertes und doch praxisnahes Rahmenprogramm vorgestellt. Es werden keine besonderen Apparaturen oder Materialien benötigt. Es entstehen keine hohen Sachkosten. Es lässt sich in Einzel- oder Kleingruppenunterricht realisieren (Lovitt & Hansen, 1976a, b; Lauritzen, 1982), im Tutorialsystem von älteren Schülerinnen und Schülern durchführen und von erfahrenen Lehrerinnen und Lehrern problemlos auf die Bedingungen vor Ort adaptieren. Das Programm ist, das sei nicht verschwiegen, insofern ein relativ nüchternes Programm, als es den Schülerinnen und Schülern vermittelt, dass wichtige Arbeit zu tun ist, dass diese täglich getan werden muss, und dass diese konzentriert getan werden muss. Es erweckt nicht den Eindruck eines Spielprogramms, sondern fordert auf zu lesen, um das Lesen zu erlernen. »Besser lesen mit System« ist nicht »offen« und »frei«, kann jedoch problemlos in Lerngruppen eingesetzt werden, in denen offene Phasen und Freie Arbeit mit gelenkten Phasen differenzierter Förderung abwechseln. Wer den Eindruck gewonnen hat, es handele sich um ein schrecklich langweiliges und ermüdendes Programm, sollte es bei Gelegenheit ausprobieren. Kinder, die eine lange Geschichte des Leseversagens mit sich herumtragen, werden manchmal erstaunlich offen und frei, wenn sie plötzlich gerade in diesem ihrem Problembereich Fortschritte feststellen. Genau solche Erfolgserlebnisse möchte unser Programm vermitteln; denn vermutlich führt nichts so nachhaltig zu intrinsischer Lernmotivation wie ehrlich erkämpfter Erfolg.

Sie sind noch nicht so recht überzeugt? Probieren Sie das Programm doch einmal selbst aus! Einzelförderung und Kleingruppenarbeit lassen sich bestimmt nicht immer und überall verwirklichen, es dürfte in vielen Schulen und Schulklassen, in Fördergruppen und Elternhäusern nicht ganz einfach sein, die hier unterbreiteten Vorschläge praktisch umzusetzen. Aber vielleicht geht's ja doch? Probieren geht bekanntlich über Studieren.

Sie finden das Programm zu einfach und Sie möchten weitere wissenschaftliche Argumente? Walberg hat 1984 mehr als 2.500 empirische Studien über die Effektivität von Schulen einer vergleichenden Analyse unterzogen. Eine von nur vier Variablen mit besonders hoher Wirksamkeit war die Bereitstellung eines systematischen Lesetrainings (vgl. auch WALBERG & WANG, 1988, S. 116-117). GERSTEN (1985), LLOYD (1988) oder WHITE (1988) haben gezeigt, dass bei Lernschwierigkeiten im Bereich der Kulturtechniken gerade die direkten Interventionsprogramme besonders überzeugen: Der schwache Schüler braucht in diesem Bereich neben dem entdeckenden Lernen in freier Arbeit und in offenen Curricula die strukturierte, zielorientierte, intensive und zeitlich ausreichende Förderung, die ihm hilft, seine Defizite Schritt für Schritt auszugleichen und zu verhindern, dass diese zu lebenslangen Problemen generalisieren.

Literatur

ACKERMAN, P. T. & DYCKMAN, R. A. (1982): Automatic and effortful information-processing deficits in children with learning and attention disorders. Topics in Learning and Learning Disabilities, 2, 12-22.

ANDERSON, J. (1983): Lix and Rix: Variations on a little-known readability index. Journal of Reading, 26 (6), 490-496.

ANDERSON, J. (1997): Content and text analysis. In: J. P. KEEVES (Ed.): Educational research, methodology, and measurement: An international handbook (2nd. ed., pp. 340-344). Kronberg: Pergamon.

ANDERSON, J. R. (1988): Kognitive Psychologie. Heidelberg: Spektrum der Wissenschaft.

ARTER, J. A. & JENKINS, J. R. (1979): Differential diagnosis – prescriptive teaching: A critical appraisal. Review of Educational Research, 49, 517-555.

AUST, G. (1997): Direkte Leseförderung nach dem Programm »Übung macht den Meister« – Eine Möglichkeit zur Vermeidung des sekundären Analphabetismus? (unveröffentlichte Staatsarbeit). Hagen: FernUniversität - Gesamthochschule, Arbeitsgebiet Heil- und Sonderpädagogik.

BAMBERGER, R. & VANECEK, E. (1984): Lesen-Verstehen-Lernen-Schreiben. Die Schwierigkeitsstufen von Texten in deutscher Sprache. Frankfurt a. M.: Diesterweg.

BAYER, K. & SEIDEL, B. (1979): Verständlichkeit. Praxis Deutsch, 36, 12-23.

BINDER, L. (1993): Funktionaler Analphabetismus – ein weltweites Problem. In: O. BEISBARTH, U. EISENBEIß, G. KOß & D. MARENBACH (Hrsg.): Leseförderung und Leseerziehung (S. 29-38). Donauwörth: Auer.

BJÖRNSSON, C. H. (1968): Läsbarhet. Stockholm, S: Bokförlaget Liber. (a)

BJÖRNSSON, C. H. (1968): Lesbarkeit durch Lix. Stockholm, S.: Pedagogiskt Centrum. (b)

BLEIDICK, U. & HECKEL, G. (1970): Praktisches Lehrbuch des Unterrichts in der Hilfsschule (Lernbehindertenschule). Berlin: Marhold.

BÖHM, O. (1988): Die Übung im Unterricht der Schule für Lernbehinderte. Zeitschrift für Heilpädagogik, 39, 73-85.

BÖHM, O. (1993): Situations- und sinnorientiertes Lesenlernen bei lernschwachen Schülern. Informationen, Erörterungen, Praktische Vorschläge. Heidelberg: Edition Schindele.

BÖHM, O. (1996): Erstleseunterricht bei Kindern mit Lernproblemen. In: W. BAUDISCH & D. SCHMETZ (Hrsg.): Schriftspracherwerb und Sprachhandeln im Primar-

und Sekundarbereich – Beispiele sonderpädagogischer Förderung (Sonderpädagogische Beiträge, Bd. 3, S. 30-57). Frankfurt a. M.: Diesterweg.

Böhm, O., Dreizehnter, E., Eberle, G. & Reiß, G. (1990): Die Übung im Unterricht bei lernschwachen Schülern. Heidelberg: Edition Schindele.

Calfee, R. & Drum, P. (1986): Research on teaching reading. In: M. C. Wittrock (Ed.): Handbook of research on teaching (3. Ed., pp. 804-849). New York: Macmillan.

Calfee, R. (1981): Cognitive psychology and educational practice. Review of Research in Education, 9, 3-72.

Ceci, S. J. (1983). Automatic and purposeful semantic processing characteristics of normal and language/learning disabled children. Developmental Psychology, 19, 427-439.

Chall, J. (1983): Stages of reading development. New York: McGraw-Hill.

Dickes, P. & Steiwer, L. (1977): Ausarbeitung von Lesbarkeitsformeln für die deutsche Sprache. Zeitschrift für Entwicklungspsychologie und Pädagogische Psychologie, 9 (1), 20-28.

Drecoll, F. (1981): Funktionaler Analphabetismus – Begriff, Erscheinungsbild, psycho-soziale Folgen und Bildungsinteressen. In: F. Drecoll & U. Müller (Hrsg.): Analphabetismus in der Bundesrepublik Deutschland (S. 29-40). Frankfurt a. M.: Diesterweg.

Eakin, S. & Douglas, V. (1971): Automatization and oral reading problems in children. Journal of Learning Disabilities, 4, 26-33.

Franklin, R. D., Gorman, B. S., Beasley, T. M. & Allison, D. B. (1997). Graphical display and visual analysis. In: R. D. Franklin, A. B. Allison & B. S. Gorman (Eds.): Design and analysis of single-case research (pp. 119-158). Mahwah, NJ: Lawrence Erlbaum Associates.

Gersten, R. (1985): Direct instruction with special education students: A review of evaluation research. Journal of Special Education, 19, 41-58.

Gibson, E. J. & Levin, H. (1980): Die Psychologie des Lesens. Stuttgart: Klett.

Gough, P. B. (1972): One second of reading. In: J. F. Kavanagh & I. G. Mattingly (Eds.): Language by ear and by eye (pp. 331-358). Cambridge, MA: MIT Press.

Gray, W. S. (1956): The teaching of reading and writing. Paris, F: Unesco.

Groeben, N. (1982): Leserpsychologie: Textverständnis – Textverständlichkeit. Münster: Aschendorff.

Haberlandt, K. (1994): Methods in reading research. In: M. A. Gernsbacher (Ed.): Handbook of psycholinguistics (pp. 1-31). New York: Academic Press.

Herting, U. (1998a): Die Förderung sinnentnehmenden flüssigen Lesens bei Schülerinnen und Schülern der Schule für Lernbehinderte (Sonderschule), exemplarisch dargestellt an Förderversuchen (unveröffentlichte Staatsarbeit). Dortmund: Universität Dortmund, Fachbereich 13, Sondererziehung und Rehabilitation.

Herting, U. (1998b): Leseförderung durch direkte Intervention, exemplarisch dargestellt an vier Fallbeispielen. Sonderpädagogik, 28 (4), 216-229.

Johnston, J. M. & Pennypacker, H. S. (1980): Strategies and tactics of human behavioral research. Hillsdale, NJ: Lawrence Erlbaum Associates.

Jussen, M. J. (1983): Verstehen geschriebener Sprache. Ein Beitrag zur empirischen Sprachdidaktik. Berlin: Marhold.

Kemmler, L. (1967): Erfolg und Versagen in der Grundschule. Göttingen: Hogrefe.

KEMMLER, L. (1976): Schulerfolg und Schulversagen. Eine Längsschnittuntersuchung vom ersten bis zum fünfzehnten Schulbesuchsjahr. Göttingen: Hogrefe.

KLAUER, K. J. (1977): Erkenntnismethoden der Lernbehindertenpädagogik. In: G. O. KANTER & O. SPECK (Hrsg.): Pädagogik der Lernbehinderten (Handbuch der Sonderpädagogik, Bd. 4, S. 76-89). Berlin: Marhold.

KLICPERA, C. & GASTEIGER-KLICPERA, B. (1995): Psychologie der Lese- und Schreibschwierigkeiten. Entwicklung, Ursachen, Förderung. Weinheim/München: Beltz/Psychologie Verlags Union.

KLICPERA, C. (1985): Leistungsprofile von Kindern mit spezifischen Lese- und Rechtschreibschwierigkeiten. Heidelberg: Edition Schindele.

KLICPERA, C., GASTEIGER-KLICPERA, B. & SCHABMANN, A. (1993): Lesen und Schreiben – Entwicklung und Schwierigkeiten. Die Wiener Längsschnittuntersuchungen über die Entwicklung, den Verlauf und die Ursachen von Lese- und Schreibschwierigkeiten in der Pflichtschulzeit. Stuttgart: Huber.

KOHL, R. (1994): Nacherzählung und Inhaltsangabe (4. Auflage). Niederzier: Kohl.

KRETSCHMANN, R., LINDNER-ACHENBACH, S., PUFFARTH, A., MÖHLMANN, G. & ACHENBACH, J. (1980): Analphabetismus bei Jugendlichen. Ursachen, Erscheinungsformen, Hilfen. Stuttgart: Kohlhammer.

KRONENBITTER, S. (1998): Die Förderung funktionalen Lesens bei lernbehinderten Schülerinnen und Schülern, dargestellt an explorativen Fallstudien (unveröffentlichte Staatsarbeit). Dortmund: Universität Dortmund, Fachbereich 13, Sondererziehung und Rehabilitation.

LABERGE, D. & SAMUELS, S. J. (1974): Toward a theory of automatic information processing in reading. Cognitive Psychology, 6, 293-323.

LAURITZEN, C. (1982): A modification of repeated readings for group instruction. The Reading Teacher, 35, 456-458.

LIPPOLD-HÄCKER, C. (1996): Die Förderung sinnentnehmenden flüssigen Lesens bei Schülerinnen und Schülern der Schule für Lernbehinderte (Sonderschule), exemplarisch dargestellt an Förderversuchen (unveröffentlichte Staatsarbeit). Hagen: FernUniversität – Gesamthochschule, Arbeitsgebiet Heil- und Sonderpädagogik.

LLOYD, J. W. (1988): Direct academic interventions in learning disabilities. In: M. C. WANG, M. C. REYNOLDS & H. J. WALBERG (Eds.): Mildly handicapped conditions (Handbook of special education research and practice, vol. 2, pp. 345-366). Frankfurt a. M.: Pergamon.

LOVITT, T. C. & HANSEN, C. L. (1976): Round one – placing the child in the right reader. Journal of Learning Disabilities, 9, 347-353. (a)

LOVITT, T. C. & HANSEN, C. L. (1976): The use of contingent skipping and drilling to improve oral reading and comprehension. Journal of Learning Disabilities, 9, 481-487. (b)

MANIS, F. R., CUSTODIO, R. & SZESZULSKI, P. A. (1993): Development of phonological and orthographic skill: A two-year longitudinal study of dyslexic children. Journal of Experimental Child Psychology, 56, 64-86.

MILLER, G. M. (1956): The magical number seven, plus or minus two: Some limits on our capacity for processing information. Psychological Review, 63, 81-97.

MÖLLERS, U. (1997): Die Übung des flüssigen und sinnerfassenden Lesens bei lernbehinderten Schülerinnen und Schülern: Dokumentation und Analyse eines Förderversuchs (unveröffentlichte Staatsarbeit). Dortmund: Universität Dortmund, Fachbereich 13, Sondererziehung und Rehabilitation.

OBERMAYR, E. (1997): Individualisierende Leseförderung nach dem Förderprogramm »Übung macht den Meister« – explorative Fallstudie an einer Schule für Lernbehinderte (unveröffentlichte Staatsarbeit). Hagen: FernUniversität - Gesamthochschule, Arbeitsgebiet Heil- und Sonderpädagogik.

Parsonson, B. S. & Baer, D. M. (1978): The analysis and presentation of graphic data. In: T. R. Kratochwill (Ed.): Single-subject research: Strategies for evaluating change (pp. 101-165). New York: Academic Press.

Parsonson, B. S. & Baer, D. M. (1992): The visual analysis of data, and current research into the stimuli controlling it. In: T. R. Kratochwill & J. R. Levin (Eds.): Single-case research design and analysis (pp. 15-40). Hillsdale, NJ: Lawrence Erlbaum Associates.

PERFETTI, C. A. (1994): Psycholinguistics and reading ability. In: M. A. GERNSBACHER (Ed.): Handbook of psycholinguistics (pp. 849-894). New York: Academic Press.

PERFETTI, C. A. (1996): Learning and Instruction of Reading. In: E. DECORTE & F. E. WEINERT (Eds.): International encyclopedia of developmental and instructional psychology (pp. 559-561). Oxford, UK: Elsevier Science/Pergamon.

PREGEL, D. & RICKHEIT, G. (1987): Der Wortschatz im Grundschulalter. Häufigkeitswörterbuch zum verbalen, substantivischen und adjektivischen Wortgebrauch. Hildesheim: Georg Olms.

PROBST, H. (1983): Testverfahren zur Diagnostik spezifischer Lernvoraussetzungen. In: R. HORN, K. INGENKAMP & R. JÄGER (Hrsg.): Tests und Trends 3. Jahrbuch der Pädagogischen Diagnostik (S. 77-105). Weinheim: Beltz.

PROBST, H. (1985): Zur qualitativen Diagnose der Lesetechnik. Vierteljahresschrift für Heilpädagogik und ihre Nachbargebiete, 54, 319-338.

PROBST, H. & WACKER, A. (1986): Lesenlernen: ein Konzept für alle. Solms-Lahn: Jarick Oberbiel.

RACK, J. P., SNOWLING, M. J. & OLSON, R. K. (1992): The nonword reading deficit in developmental dyslexia: A review. Reading Research Quarterly, 27, 29-53.

RAYNER, K. & SERENO, S. C. (1994): Eye movements in reading: psycholinguistic studies. In: M. A. GERNSBACHERR (Ed.): Handbook of psycholinguistics (pp. 57-81). New York: Academic Press.

RESCH, F. (1996): Entwicklungspsychopathologie des Kindes- und Jugendalters. Weinheim/München: Beltz/Psychologie Verlags Union.

Rost, D. H. (1985): Dimensionen des Leseverständnisses. Braunschweig: Pedersen.

ROTT, C. & ZIELINSKI, W. (1984): Analyse des Wortleseprozesses bei guten und schwachen Lesern der Grundschule. Sprache und Kognition, 4, 255-263.

ROTT, C. & ZIELINSKI, W. (1985): Vergleich der Buchstaben- und Wortlesefertigkeit guter und schwacher Leser der 2.-4. Grundschulklasse. Zeitschrift für Entwicklungspsychologie und Pädagogische Psychologie, 17, 150-163.

SCHEERER-NEUMANN, G. (1979): Intervention bei Lese-Rechtschreibschwäche. Bochum: Kamp.

SCHLEE, J. (1985): Kann Diagnostik beim Fördern helfen? Anmerkungen zu den Ansprüchen der Förderdiagnostik. Zeitschrift für Heilpädagogik, 36, 153-165. (a)

SCHLEE, J. (1985): Zum Dilemma der heilpädagogischen Diagnostik. Vierteljahresschrift für Heilpädagogik und ihre Nachbargebiete, 54, 256-279. (b)

SCHÖN, E. (1996): Zur aktuellen Situation des Lesens und zur biographischen Entwicklung des Lesens bei Kindern und Jugendlichen (Bibliotheksgesellschaft Oldenburg: Vorträge, Reden, Berichte, Nr. 19). Oldenburg: BIS-Verlag.

SCHROER, S. (1998): Die Übung des funktionalen Lesens bei lernbehinderten Schülerinnen und Schülern: Dokumentation und Analyse eines Förderversuchs (unveröffentlichte Staatsarbeit). Dortmund: Universität Dortmund, Fachbereich 13, Sondererziehung und Rehabilitation.

SENNLAUB, G. (1996): Texterleichterungen – Unterwegs zum Polarstern. Die Grundschulzeitschrift, Sonderdruck Deutsch: Offener Sprachunterricht in der Grundschule (S. 86-88). Velber: Friedrich.

SIMON, H. (1972): On the development of the processor. In: S. FARNHAM-DIGGORY (Ed.): Information processing in children. New York: Academic Press.

STIER, M. (1998): Die individuelle Förderung des flüssigen und sinnentnehmenden Lesens bei lernbehinderten Kindern: Falldarstellungen und Fallanalysen (unveröffentlichte Diplomarbeit). Dortmund: Universität Dortmund, Fachbereich 13, Sondererziehung und Rehabilitation.

TOPSCH, W. (1975): Grundschulversagen und Lernbehinderung. Essen: Neue Deutsche Schule.

TRÄNKLE, U. & BAILER, H. (1984): Kreuzvalidierung und Neuberechnung von Lesbarkeitsformeln für die Deutsche Sprache. Zeitschrift für Entwicklungspsychologie und Pädagogische Psychologie, 14 (3), 231-244.

WALBERG, H. J. & WANG, M. C. (1988): Effective educational practices and provisions for individual differences. In: M. C. WANG, M. C. REYNOLDS & H. J. WALBERG (Eds.): Learner characteristics and adaptive education (Handbook of special education research and practice, vol. 1, pp. 113-128). Frankfurt a. M.: Pergamon.

WALBERG, H. J. (1984): Improving the productivity of America's schools. Educational Leadership, 41 (8), 19-30.

WALTER, J. (1996): Förderung bei Lese- und Rechtschreibschwäche. Grundlagenforschung, methodische Konsequenzen, Praxisbeispiele und mediendidaktische Anregungen auf der Basis empirischer Forschungsmethoden. Göttingen: Hogrefe.

WEMBER, F. B. (1982): Schwierigkeiten beim Lesenlernen: Wahrnehmungsdefizite oder sprachliche Mediationsdefizite? In: G. O. KANTER & F. MASENDORF (Hrsg.): Brennpunkte der Sprachheilpädagogik und Leseforschung (Fortschritte sonderpädagogischer Forschung und Praxis, Bd. 4, S. 160-192). Berlin: Marhold.

WEMBER, F. B. (1989): Die quasi-experimentelle Einzelfallstudie als Methode der empirischen sonderpädagogischen Forschung. Vierteljahresschrift für Heilpädagogik und ihre Nachbargebiete, 58, 176-189.

WEMBER, F. B. (1994): Möglichkeiten und Grenzen der empirischen Evaluation sonderpädagogischer Interventionen in quasi-experimentellen Einzelfallstudien. Heilpädagogische Forschung, 20, 99-117.

WEMBER, F. B. (1996): Diagnostisch-präskriptiver Unterricht an einem Beispiel aus der Leseförderung: »Übung macht den Meister«. In: W. BAUDISCH & D. SCHMETZ (Hrsg.): Schriftspracherwerb und Sprachhandeln im Primar- und Sekundarbereich – Beispiele sonderpädagogischer Förderung (Sonderpädagogische Beiträge, Bd. 3, S. 75-89). Frankfurt a. M.: Diesterweg.

Wember, F. B. & Lippold-Häcker, C. (1997): Direkte Intervention beim Lesenlernen: Drei Fallbeispiele und einige Empfehlungen für das weiterführende Lesen. Die neue Sonderschule, 42 (5), 349-359.

Wember, F. B. & Voßhage, T. (1996): Direkte Diagnostik beim Lesenlernen: Ein Fallbeispiel und einige Empfehlungen für die Praxis. Die neue Sonderschule, 41 (5), 359-372.

White, W. A. T. (1988): A meta-analysis of the effects of direct instruction in special education. Education and Treatment of Children, 11, 364-374.

Wölfel, U. (1990): Das Lachkind und 99 andere ausgewählte Geschichten. Stuttgart: Hoch.

Quellenverzeichnis der Lesetexte

Arbeit 1-4: Arbeitsgemeinschaft deutscher Sonderschullehrer (Hrsg.) (1979): Lese- und Arbeitsbuch für das 3.-9. Schuljahr (Sonderschule). Frankfurt a. M.: Diesterweg (Bd. 1: 3./4. Jg.; Bd. 2: 5./6. Jg.; Bd. 3: 7./8. Jg; Bd. 4: 9. Jg.).

Sprach 1-6: Huss, A. & Merzbacher, G. (Hrsg.) (1989): Lese- und Sprachbuch für das 3.-8. Schuljahr (Sonderschule). Frankfurt a. M.: Diesterweg.

Verzeichnis der Abbildungen, Tabellen und Abkürzungen

Abbildungen

Tabellen

Abkürzungen

DSL	Durchschnittliche Satzlänge
DWL	Durchschnittliche Wortlänge
FW	Falsch gelesene Wörter
FWM	Falsch gelesene Wörter pro Minute
FZI	Fragen zum Inhalt
GS	Grundschule
KZG	Kurzzeitgedächtnis
Lix	Lesbarkeitsindex
LZG	Langzeitgedächtnis
PLW	Prozentsatz langer Wörter
RW	Richtig gelesene Wörter
RWM	Richtig gelesene Wörter pro Minute
SfLb	Sonderschule für Lernbehinderte
TTR	Type-Token-Ratio-Index, Diversifikationskoeffizient
W	Gelesene Wörter

Anhang

Textanalyse mit Microsoft Word

In Kapitel 2.3 wurde empfohlen, bei der Auswahl von geeigneten Lesetexten, die inhaltlich und lesetechnisch auf die Lernvoraussetzungen der Schülerin bzw. des Schülers abgestimmt sind, nicht nur auf die altersgemäße Thematik und inhaltliche Komplexität eines Lesetextes zu achten, sondern auch auf die lesetechnischen Anforderungen. Bei der Ermittlung des lesetechnischen Schwierigkeitsgrades wiederum ist zu empfehlen, nicht kritiklos der eigenen Intuition zu vertrauen, sondern besser aussagekräftige Textmerkmale empirisch zu bestimmen: die durchschnittliche Wortlänge (DWL), die durchschnittliche Satzlänge (DSL) und das Verhältnis der unterschiedlichen Wörter zur Gesamtzahl der Wörter, den sog. TTR-Index (Type-Token-Ratio) als Maß für die lexikalische Informationsdichte eines Textes.

Man kann diese drei Kennwerte durchaus manuell mittels Papier und Bleistift bestimmen, aber das ist relativ zeitaufwendig, vor allem bei langen Texten. Falls man über einen Personal Computer und das Textverarbeitungsprogramm Microsoft Word verfügt und falls der Text in maschinenlesbarer Form vorliegt, kann man das mühsame und fehleranfällige Zählen von Hand schnell und zuverlässig maschinell erledigen. Wenn Sie also einen Lesetext eingescannt oder abgetippt oder wenn Sie auf Ihrem Computer einen eigenen Text geschrieben haben, können Sie wie im folgenden beschrieben vorgehen.

A. Vorbereitende Arbeiten

Zunächst sollten Sie ein unformatiertes Textdokument als Kopie des zu analysierenden Textes erstellen, damit sich bei den folgenden Arbeitsschritten keine Fehler beim maschinellen Zählen einstellen; Word zählt nämlich bestimmte Formatierungsbefehle als Zeichen oder Zeichenketten. Wir demonstrieren die Vorgehensweise hier am Beispiel des in Kapitel 2.3 behandelten und dort auch abgebildeten Textes »Wandertag«:

Laden Sie den Text und entfernen Sie alle nicht zu zählenden Bestandteile; hier sind das die Überschrift und die Fragen zum Inhalt, die bei der Textanalyse nicht gezählt werden sollen, weil sie schließlich nicht vom Kind zu lesen sind.

Wählen Sie in dem Menü

Datei
Speichern unter

im Auswahlfeld Dateityp

Nur Text (*.txt)

und geben Sie einen aussagekräftigen Dateinamen in das entsprechende Eintragsfeld ein, hier

»Wandertag Netto.txt«

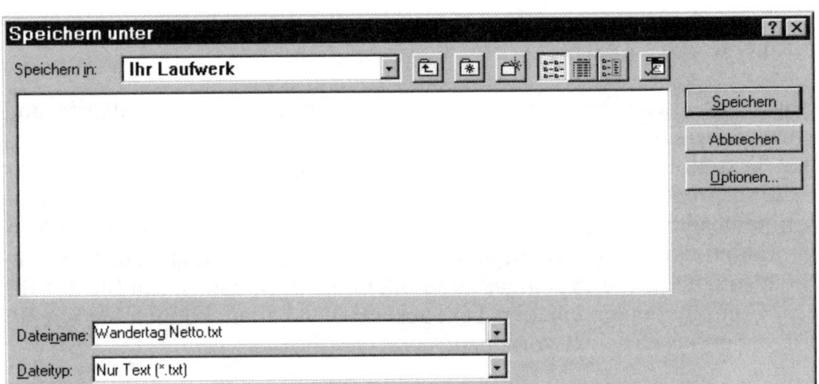

Wählen Sie jetzt das Menü

Datei
Schließen

Sie erhalten folgende Warnung:

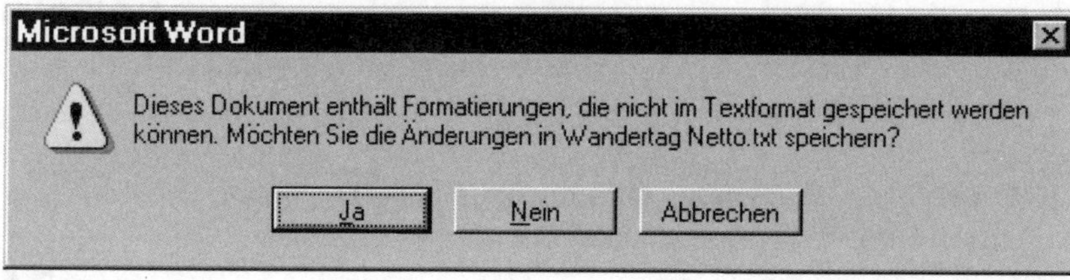

Bestätigen Sie mit »Nein«.

Rufen Sie anschließend den gerade gespeicherten Text neu auf. Sie werden feststellen, daß erst jetzt — beim erneuten Laden — eine unformatierte reine Textdatei vorliegt. Sie erkennen das an der geänderten Darstellung des Textes auf dem Bildschirm.

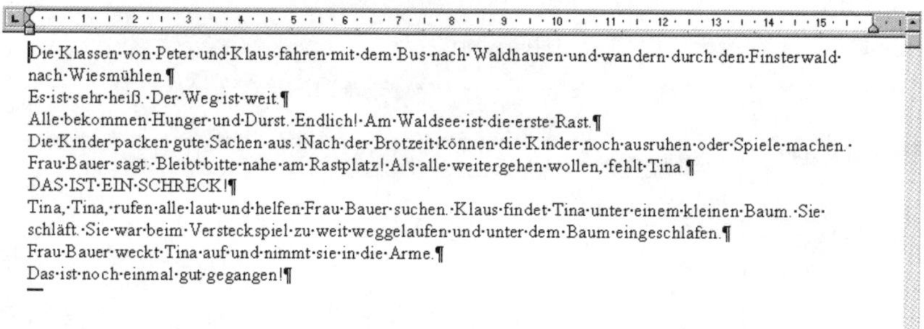

Die·Klassen·von·Peter·und·Klaus·fahren·mit·dem·Bus·nach·Waldhausen·und·wandern·durch·den·Finsterwald·nach·Wiesmühlen.¶
Es·ist·sehr·heiß.·Der·Weg·ist·weit.¶
Alle·bekommen·Hunger·und·Durst.·Endlich!·Am·Waldsee·ist·die·erste·Rast.¶
Die·Kinder·packen·gute·Sachen·aus.·Nach·der·Brotzeit·können·die·Kinder·noch·ausruhen·oder·Spiele·machen.·Frau·Bauer·sagt:·Bleibt·bitte·nahe·am·Rastplatz!·Als·alle·weitergehen·wollen,·fehlt·Tina.¶
DAS·IST·EIN·SCHRECK!¶
Tina,·Tina,·rufen·alle·laut·und·helfen·Frau·Bauer·suchen.·Klaus·findet·Tina·unter·einem·kleinen·Baum.·Sie·schläft.·Sie·war·beim·Versteckspiel·zu·weit·weggelaufen·und·unter·dem·Baum·eingeschlafen.¶
Frau·Bauer·weckt·Tina·auf·und·nimmt·sie·in·die·Arme.¶
Das·ist·noch·einmal·gut·gegangen!¶

Diese reine Textdatei stellt das Rohmaterial für die weiteren Arbeitsschritte dar.

B. Ermittlung der durchschnittlichen Wortlänge

Wählen Sie im Menü

Datei
Eigenschaften

die Registerkarte

Statistik

Hier finden Sie u.a. die Anzahl der Wörter und Zeichen.

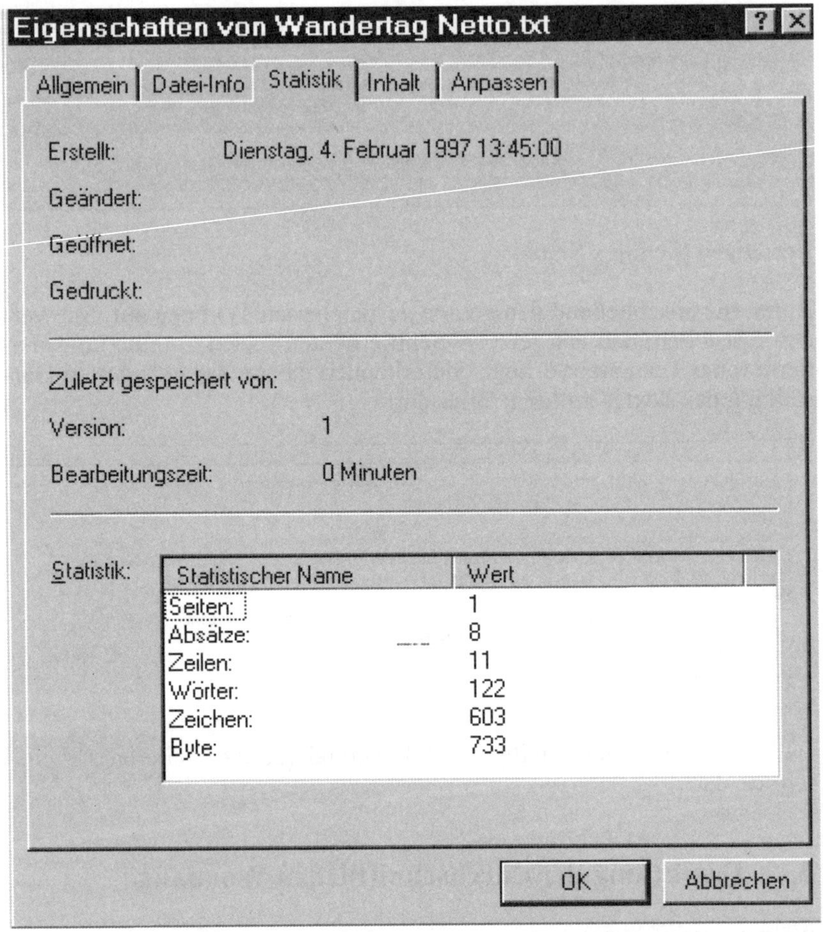

Notieren Sie beides in einer entsprechend vorbereiteten Tabelle wie der weiter unten im Anhang wiedergegebenen Datentabelle (vgl. Materialien für Praxisprojekte).

TIP: **Sie können die von Word erstellte Textstatistik auch ausdrucken lassen. Wählen Sie dazu im Menü**

Datei
Drucken

im Auswahlfeld »Drucken« die Auswahl
Datei Info

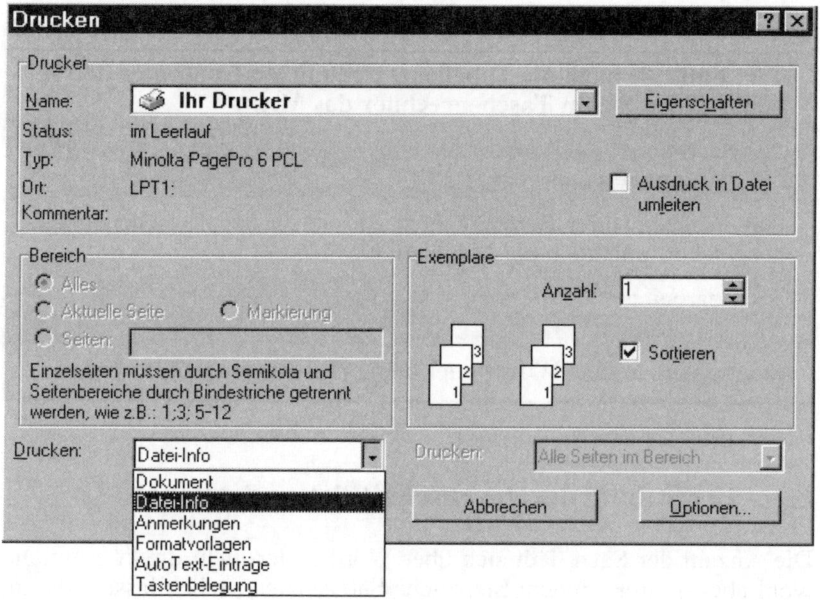

Rufen Sie den Taschenrechner auf und teilen Sie die Anzahl der Zeichen (hier 603) durch die Anzahl der Wörter (hier 122), und Sie erhalten die durchschnittliche Wortlänge DWL, hier 4,9.

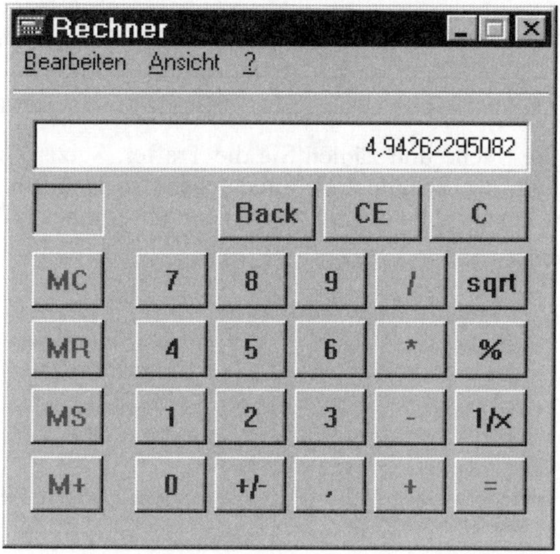

Tragen Sie das Endergebnis in die entsprechend vorbereitete Tabelle ein.

> TIP: **Falls Sie auch die Tabellenerstellung am Computer betreiben, wählen Sie im Taschenrechner das Menü**
>
> Bearbeiten
> Kopieren
>
> Das Ergebnis Ihrer Berechnungen ist jetzt in der Zwischenablage gespeichert und kann per Menübefehl
>
> Bearbeiten
> Einfügen
>
> in eine vorbereitete WORD- oder EXCEL-Tabelle eingefügt werden.

C. Ermittlung der durchschnittlichen Satzlänge

Die Anzahl der Sätze läßt sich über Word leider nicht direkt ermitteln, wohl aber indirekt, indem Sie solche Satzzeichen suchen lassen, die im allgemeinen Satzenden markieren. Gehen Sie dazu mit der Einfügemarke (dem Cursor) an den Anfang des Textes und wählen Sie im Menü

Bearbeiten
Suchen

das Eingabefeld »Suchen nach« und geben Sie ein:

“.”

Starten Sie die Suche und zählen Sie die Treffer. Setzen Sie die Suche durch Betätigen des Schalters »Weitersuchen« so lange fort, bis Sie an das Ende des Textes gelangt sind. Word zeigt das mit der folgenden Meldung an:

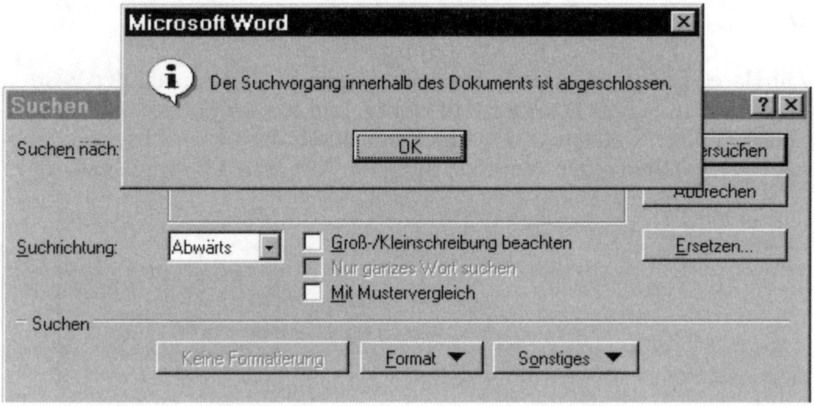

Notieren Sie die Anzahl der Treffer und wiederholen Sie den Such- und Zählvorgang für Fragezeichen (hier 0 Treffer) und für Ausrufezeichen (hier 4 Treffer) und notieren Sie auch diesmal die Anzahl der Treffer – allerdings nur dann, wenn sie auch wirklich Sätze beenden. Die Gesamtzahl der Treffer aus den drei Zähldurchläufen entspricht der Anzahl der Sätze (hier 13 + 0 + 4 = 17), die Sie in Ihre Tabelle eintragen können.
Rufen Sie den Taschenrechner auf und teilen Sie die zuvor ermittelte Anzahl der Wörter durch die Anzahl der Sätze (hier 122 : 17). Das Ergebnis ist die durchschnittliche Satzlänge, die Sie in Ihre Tabelle eintragen können (hier 7,17).

TIP: Wenn Sie im Umgang mit WORD etwas erfahrener sind, können Sie den Zählvorgang noch weitergehender mechanisieren, wenn Sie im Menü »Bearbeiten« die Funktion »Ersetzen« wählen, die Punkte, Ausrufe- und Fragezeichen durch ein Sonderzeichen — etwa eines aus dem erweiterten Zeichensatz für Grafiken — ersetzen, das Sie abschließend maschinell zählen oder durch ein anderes Zeichen ersetzen lassen können — WORD teilt Ihnen dann die Anzahl der Ersetzungen mit. Per Funktion »Rückgängig machen« können Sie, falls Sie das möchten, den Text problemlos wieder in seinen Ausgangszustand versetzen.
Allerdings müssen Sie auch bei dieser Methode darauf achten, daß nur solche Satzzeichen ersetzt werden, die wirklich einen Satz beenden. Sie dürfen die Ersetzungen folglich nicht unkontrolliert automatisch vornehmen lassen. Und: Bei kürzeren Texten dürfte sich dieser Aufwand nicht lohnen, weswegen hier das mentale Zählen mit Hilfe der Suchfunktion empfohlen wurde.

D. Ermittlung des TTR-Indexes

Zur Berechnung des TTR-Indexes benötigen Sie die Anzahl der Wörter, die bereits in Schritt B festgestellt wurde, und die Anzahl der unterschiedlichen Wörter. Letzteres ist manuell nur durch das vergleichsweise langwierige Erstellen einer Wortliste möglich. Mit WORD läßt sich das

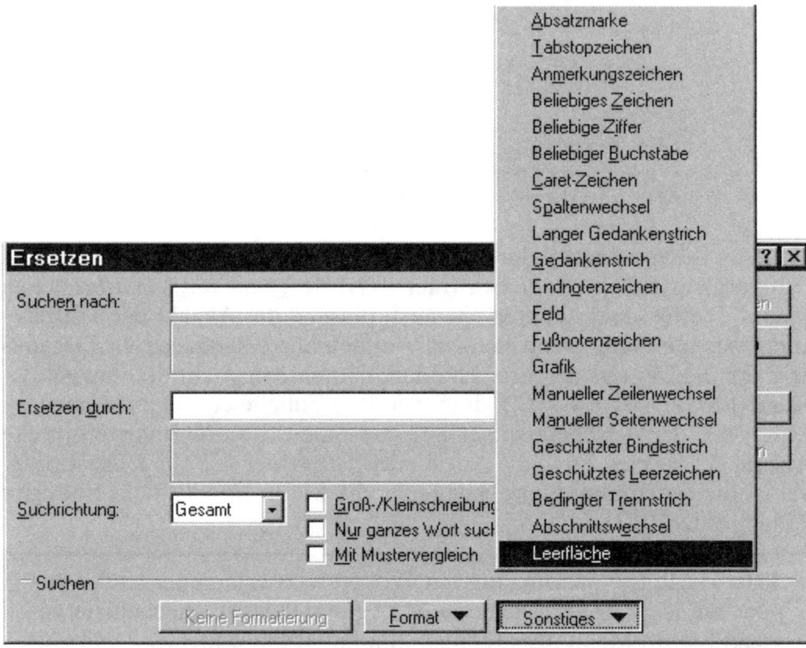

Verfahren verkürzen, indem man zunächst den Text in seine Einzelwörter zerlegt, diese anschließend alphabetisch sortiert, die Wortwiederholungen ausstreicht und abschließend die so entstandene Liste der unterschiedlichen Wörter automatisch zählen läßt. Dazu gehen Sie wie folgt vor:

Bewegen Sie die Einfügemarke an den Anfang des Textes. Rufen Sie das Menü

Bearbeiten
    Ersetzen

auf. Bewegen Sie die Einfügemarke in das Eingabefeld »Suchen nach:« und betätigen Sie den Schalter »Sonstiges ▼«. Wählen Sie in der Auswahlliste »Leerfläche«.

Bewegen Sie die Einfügemarke in das Eingabefeld "Ersetzen durch:" und betätigen Sie erneut den Schalter »Sonstiges ▼«. Wählen Sie in der Auswahlliste »Absatzmarke«. Betätigen Sie anschließend den Schalter »Alle ersetzen«. Das Resultat wird eine Rückmeldung über die Anzahl der Ersetzungen und eine einspaltige Wortliste sein.

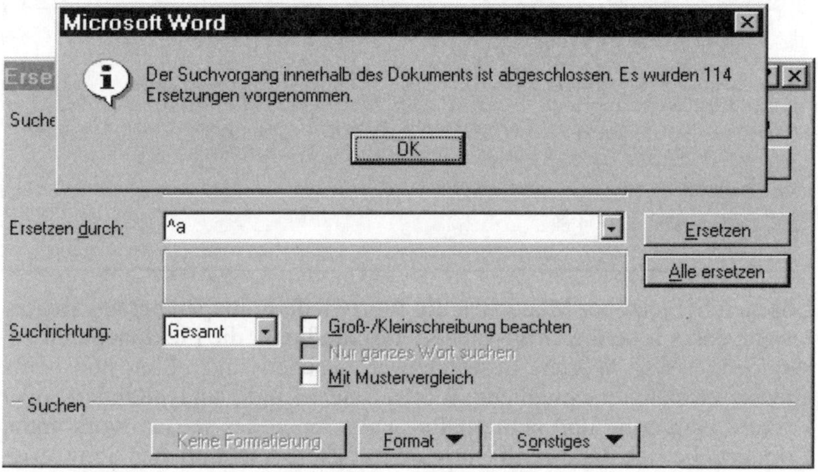

Beenden Sie das Menü »Ersetzen«. Die Wortliste können Sie nun alphabetisch sortieren lassen durch das Menü

Tabelle
Text sortieren ...

wobei der 1. Sortierschlüssel »Absätze« sein sollte, der Typ »Text« und die Sortierfolge »Aufsteigend«.

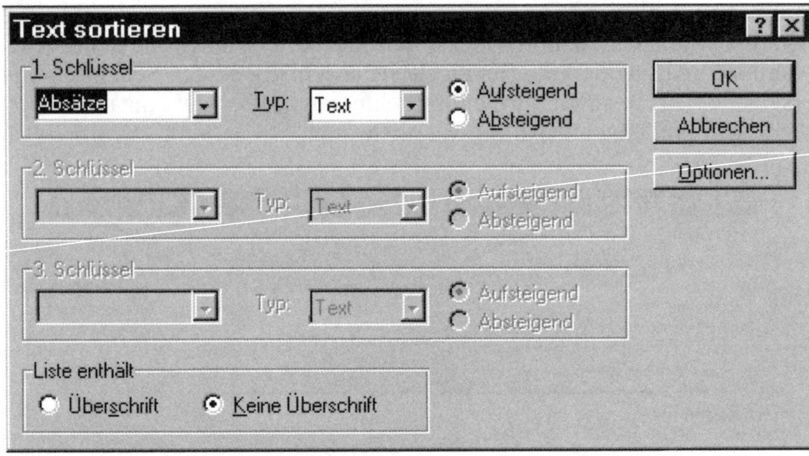

Löschen Sie jetzt per Mausklick die Wortwiederholungen heraus. Beachten Sie dabei bitte die Groß- und Kleinschreibung, die Flexionen und zusammengesetzte Wörter. Lesetechnisch gesehen sind »Ein« und »ein« ebenso zwei unterschiedliche Wörter wie »Kind« und »Kinder« oder »unter«, »unterm« und »unterhalb«. Falls Ihnen das seltsam vorkommt: Erinnern Sie sich daran, daß eines unserer Ziele sein muß, den Schwierigkeitsgrad von Texten nicht zu unterschätzen, weil dies dem Schüler oder der Schülerin Mißerfolg zu bescheren droht.
Nach dem Löschen der Wortwiederholungen haben Sie eine alphabetisch sortierte Liste aller unterschiedlichen Wörter erhalten, die mindestens einmal im Lesetext vorkommen – in unserer Abbildung dreispaltig dargestellt.

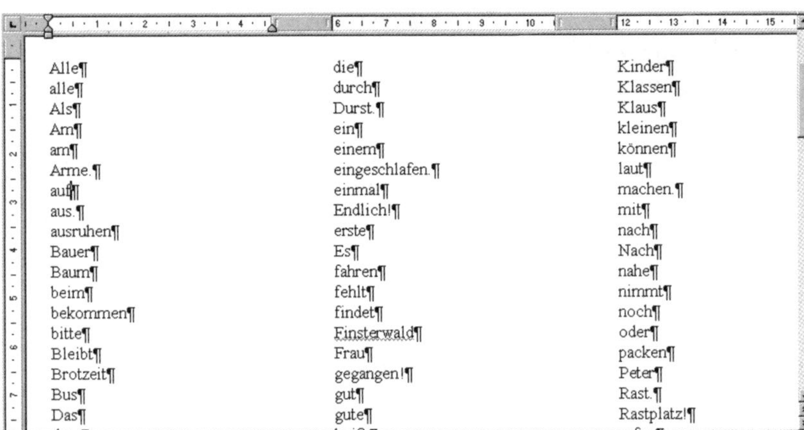

Sie müssen jetzt nur noch, wie bei Schritt B gezeigt, über das Menü

Datei
Eigenschaften

und die Registerkarte »Statistik« die Anzahl der Wörter ermitteln, hier 91. Wenn Sie diese Zahl durch die zuvor ermittelte Anzahl der Wörter insgesamt (beim Text »Wandertag« waren das 122) teilen, erhalten Sie den TTR-Index, hier 0.75.

TIP: Es ist vermutlich keine schlechte Idee, die soeben erstellte alphabetische Wortliste zu speichern oder mindestens auszudrucken. Mit dieser Wortliste können Sie nämlich, falls Sie das pädagogisch für sinnvoll halten, das Lesen bestimmter Wörter ohne Satzkontext prüfen oder überhaupt systematisch feststellen, welche Wörter dem oder der Lernenden besondere Schwierigkeiten bereiten.

Die letzte Hürde ist genommen. Sie haben erfolgreich die Kennwerte für DWL, DSL und TTR ermittelt. Das hier dargestellte Vorgehen wurde mit MICROSOFT WORD, Version 7.0 für WINDOWS 95, realisiert; es läßt sich voraussichtlich so oder so ähnlich auch mit früheren Versionen und sicherlich auch mit der gerade erschienenen Folgeversion realisieren. Sollten Sie über ein anderes Textverarbeitungsprogramm verfügen, empfiehlt es sich, im Handbuch oder in der Online-Hilfe nachzusehen; wahrscheinlich verfügt Ihr Programm über ähnliche Funktionen, die Ihnen das mühsame manuelle Zählen abnehmen und das Erstellen von Wortlisten erleichtern. Viel Erfolg!

Datenerfassung mit Microsoft Excel

In Kapitel 3.4 haben Sie einige Empfehlungen erhalten, wie die aus der täglichen Messung der Leseleistung ihrer Schülerinnen und Schüler gewonnenen Daten sinnvoll tabellarisch protokolliert und grafisch visualisiert werden können. Im folgenden wird beschrieben, wie Sie beides, Protokollieren und Visualisieren, mit Ihrem Computer und dem Datenverarbeitungsprogramm MICROSOFT EXCEL realisieren können.

Wenn Sie EXCEL öffnen, wird vom Programm automatisch eine neue Datei angelegt und »Mappe« genannt. Diese sollten Sie, bevor Sie mit der Dateneingabe beginnen, benennen, damit Sie ihre Daten abspeichern und wiederfinden können. Gehen Sie dazu in das Menü

Datei
Speichern unter

und geben Sie im Feld »Dateiname« einen beliebigen aussagekräftigen Namen für ihre Mappe ein, hier »Leseförderung«.

In einer EXCEL-Arbeitsmappe, wie Sie sie gerade angelegt haben, finden sich in der Regel zunächst drei Tabellen (Blätter). Sie können durch einfaches Klicken auf das Register der Tabellen von einer zur anderen wechseln, durch doppeltes Klicken können sie die Register beschriften. Falls Sie mehr als drei Tabellen benötigen, können Sie ihrer Mappe über das Menü

Einfügen
Tabelle

beliebig viele weitere Tabellen hinzufügen.

Nun können Sie mit der Eingabe der Daten beginnen. In die Spalten der Tabellen geben Sie die täglich ermittelten Lesewerte ein. In die erste Zeile Ihrer Tabelle können Sie die entsprechenden Überschriften – analog der Tabelle 4 auf der Seite 64, die wir mit dem Namen der geförderten Schülerin Sonja beschriftet haben, – eintragen.

	A	B	C	D	E	F	G	H	I	J	K	L	M	N
1	N	Wochentag	Datum	Dauer in Mir	W	RW	RWM	FW	FWM	FZI ges.	FZI korr.	FZI in %	Text	Anmerkungen
2	1	Do	15.07.98	2	110	104	52	6	3	5	4	100	1	
3	2	Fr	16.07.98	2	115	110	55	5	2,5	5	5	100	2	
4	3	Sa	17.07.98											Wochenende
5	4	So	18.07.98											Wochenende
6	5	Mo	19.07.98	2	70	62	31	8	4	4	2	50	3	
7	6	Di	20.07.98											Feiertag
8	7	Mi	21.07.98	2	105	98	49	7	3,5	4	3	75	3	
9	8	Do	22.07.98	2	107	100	50	7	3,5	4	4	100	3	
10	9	Fr	23.07.98	2	108	104	52	4	2	4	4	100	3	

Um die Spalten der Tabelle so zu formatieren, daß Ihr Text und auch Ihre Daten lesbar sind, können Sie im Menü

Format
    Spalte bzw. Zellen

die Breite der Spalten bzw. die Höhe der Zellen genau bestimmen oder über die Option »optimale Breite bestimmen« durch den Computer festlegen lassen.

Über das Menü

Format
    Zellen

können sie ihre Tabelle nun in verschiedenen Optionen nach belieben weiter formatieren, z. B. die Schriftart, Schriftgröße, etc. verändern, der Tabelle Rahmen und/oder Gitternetzlinien hinzufügen, oder den Text der Tabelle nach belieben ausrichten.

	A	B	C	D	E	F	G	H	I	J	K	L	M	N
1	N	Wochentag	Datum	Dauer in Min.	W	RW	RWM	FW	FWM	FZI ges.	FZI korr.	FZI in %	Text	Anmerkungen
2	1	Do	15.07.98	2	110	104	52	6	3	5	4	100	1	
3	2	Fr	16.07.98	2	115	110	55	5	2,5	5	5	100	2	
4	3	Sa	17.07.98											Wochenende
5	4	So	18.07.98											Wochenende
6	5	Mo	19.07.98	2	70	62	31	8	4	4	2	50	3	
7	6	Di	20.07.98											Feiertag
8	7	Mi	21.07.98	2	105	98	49	7	3,5	4	3	75	3	
9	8	Do	22.07.98	2	107	100	50	7	3,5	4	4	100	3	
10	9	Fr	23.07.98	2	108	104	52	4	2	4	4	100	3	

Erstellung einer Leseleistungskurve mit Microsoft Excel

Um die von Ihnen gewonnenen Daten in eine grafische Darstellung umwandeln zu können, müssen Sie zunächst die Spalten der Tabelle markieren, deren Daten Sie darstellen möchten (hier: Wochentage, RWM und FWM). Dies geschieht, indem Sie die Strg-Taste gedrückt halten und per Maus auf die Kopfzeile der entsprechenden Spalten (gekennzeichnet mit A, B, C,...) klicken.

A	B	C	D	E	F	G	H	I	J	K	L	M	N
N	Wochentag	Datum	Dauer in Min.	W	RW	RWM	FW	FWM	FZI ges.	FZI korr.	FZI in %	Text	Anmerkungen
1	Do	15.07.98	2	110	104	52	6	3	5	4	100	1	
2	Fr	16.07.98	2	115	110	55	5	2,5	5	5	100	2	
3	Sa	17.07.98											Wochenende
4	So	18.07.98											Wochenende
5	Mo	19.07.98	2	70	62	31	8	4	4	2	50	3	
6	Di	20.07.98											Feiertag
7	Mi	21.07.98	2	105	98	49	7	3,5	4	3	75	3	
8	Do	22.07.98	2	107	100	50	7	3,5	4	4	100	3	
9	Fr	23.07.98	2	108	104	52	4	2	4	4	100	3	

Anschließend können Sie über das Menü

Einfügen
Diagramm

ein Diagramm erstellen lassen.
Im ersten der vier notwendigen Schritte bis zur Fertigstellung des Diagramms können sie den Diagrammtyp bestimmen. Im folgendem Beispiel wurde der Typ »Linie« sowie der Untertyp »Linie mit Datenpunkten« gewählt.

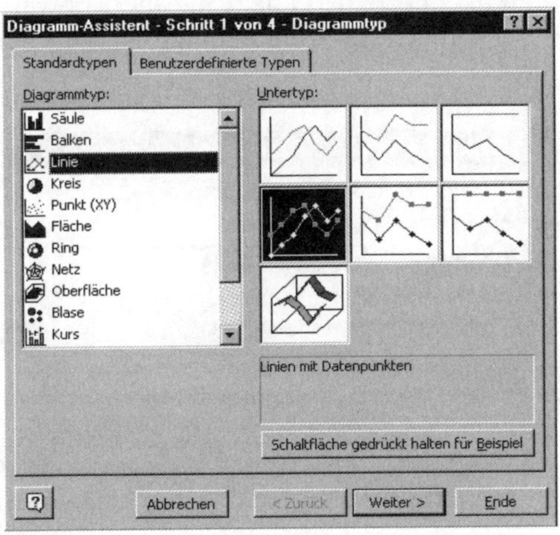

Über die Schaltfläche »Weiter« gelangen Sie zu »Schritt 2« des Diagramm-Assistenten, bei dem Sie jedoch keine Änderungen vorzunehmen brauchen. Im Folgenden können Sie im Menü »Titel« die Diagrammbeschriftung (Titel und Achsen) vornehmen.

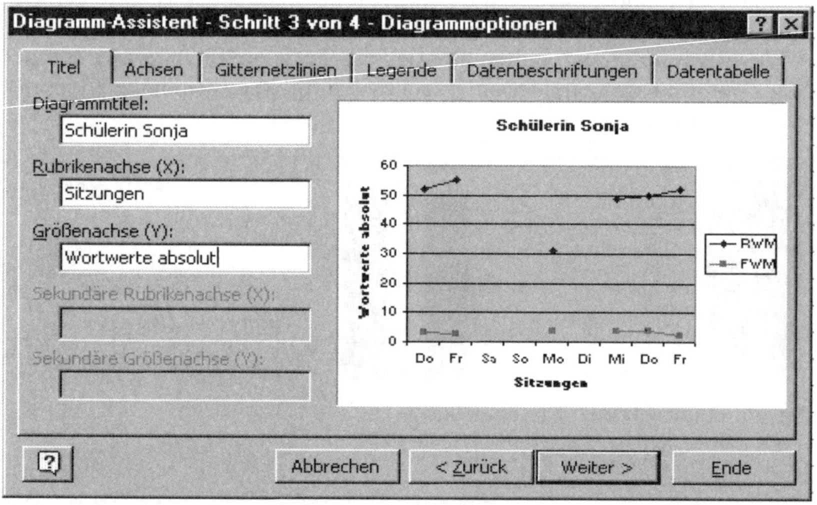

Die anderen hier zur Verfügung stehenden Menüs dienen der individuellen Gestaltung Ihres Diagramms z. B. durch Datenbeschriftung, Einfügen von Glitternetzlinien o. ä.

Beim letzten Schritt können Sie sich entscheiden, ob das Diagramm »als neues Blatt« aufgeführt oder »als Objekt in« die Rohwerttabelle eingefügt werden soll. Zur einfacheren Handhabung ist die Rubrik »als neues Blatt« zu empfehlen.

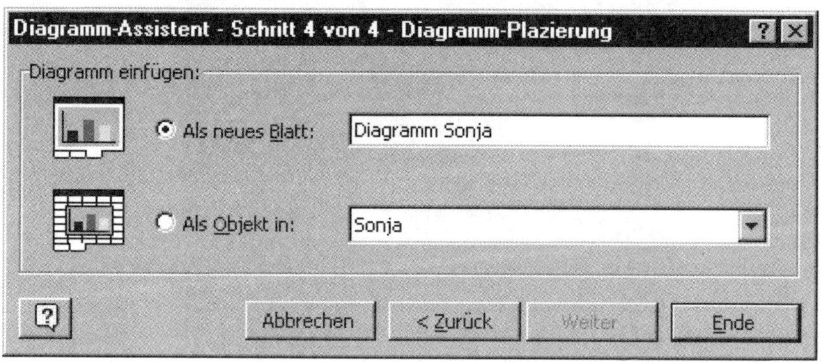

Mit der Taste »Ende« beenden Sie die Erstellung des Diagramms. Sie können dieses jedoch auch später noch unter dem Menüpunkt »Diagramm« vielfältig bearbeiten.

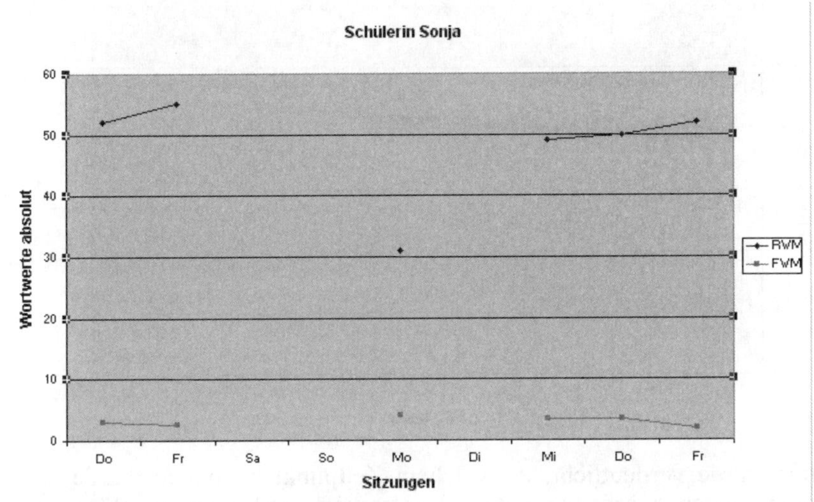

Mit Hilfe der Zeichnungsfunktion (vgl. folgende Bedienleiste), wie sie Ihnen vielleicht von Microsoft Word bekannt ist, können Sie z. B. Übergänge von der Diagnose- zur Interventionsphase oder die Einführung eines neuen Textes kennzeichnen (siehe Beispiel) oder auch grafische Elemente zur Kennzeichnung markanter Datenpunkte einfügen.

Falls Sie die Zeichnungsleiste nicht auf Ihrem Bildschirm vorfinden, können Sie diese über das Menü

Ansicht
Symbolleiste
Zeichnen

aktivieren bzw. später deaktivieren. Die Zeichenleiste erscheint am unteren Rand des Arbeitsfensters.

Beispiel:

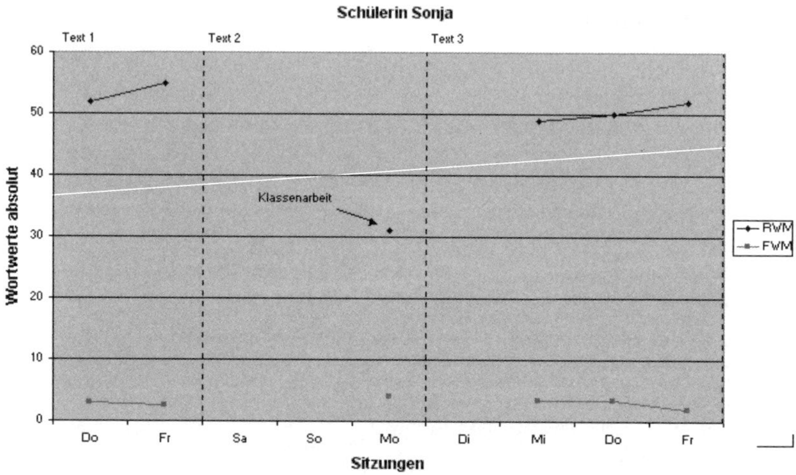

Hier wurde verdeutlicht, zu welchem Zeitpunkt begonnen wurde, mit neuen Texten zu arbeiten, indem zwei gestrichelte Linien eingefügt wurden. Analog lässt sich mit Hilfe verschiedener Linienarten z. B. auch der Übergang von der Diagnose- zur Interventionsphase hervorheben. Außerdem wurde ein Datenpunkt näher erläutert, indem ein Pfeil und ein Textfeld eingefügt wurden.

Materialien für Praxisprojekte

Lesebuchreihen
Tabelle zur Erfassung von Textmerkmalen
Tabelle zur Erfassung von Leseleistungen
Linienblatt zur manuellen Erstellung einer Leseleistungskurve

Lesebuchreihen

Alle bedeutenden Schulbuchverlage bieten Lesebücher für den Klassenunterricht an, viele bieten darüber hinaus Zusatzmaterialien für den Förderunterricht und Reihen von relativ einfachen Lesetexten für Kinder und Jugendliche an, auf die Sie bei der Suche nach geeigneten Übungstexten zurückgreifen können. Das Angebot unterliegt einem ständigen Wandel, deshalb sind die folgenden Hinweise nur beispielhaft gemeint. Es wird nicht der Anspruch erhoben, repräsentative Titel oder besonders geeignete Titel oder gar ein vollständiges Titelverzeichnis zu liefern. Am besten verschaffen Sie sich einen Überblick in den aktuellen Katalogen der Schulbuchverlage, falls Informationszentren in Ihrer Region erreichbar sind, können Sie die Materialien vor Ort einsehen und prüfen.

Grundschule

Fiederle, X., Beiser, A., Dreesen-Lange, C., Gottfried, A. u. a. (1997) (Hrsg.): Xa-Lando – Lernen als Abenteuer, Lesen – Sprache – Sachunterricht. Paderborn: Schöningh.

Baumann, S., Detter, A., Huber, A. u.a. (Hrsg.) (1998): Lesespaß – Lesebuch für bayrische Grundschulen. Braunschweig: Westermann.

Baumgärtner, C., Röhm, I. & Thiemermann, F.-J. (Hrsg.) (1998): Sprache lebt – Lesebuch für die bayrische Grundschule, Band 2-3. München: Oldenburg.

Borries, W., Köpp, W. & Tauscheck, E. (Hrsg.) (1998): Überall ist Lesezeit, Band 2-4. München: Oldenbourg.

Boyer & Mayr (Hrsg.) (1998): Miteinander lesen, Band 2-4. Wien: Volk und Jugend.

Buck, S. (Hrsg.) (1996): Bausteine Lesebuch, Band 2-4. Frankfurt a. M.: Diesterweg.

Bütow, W., Schenk, G. & Schütze, B. (Hrsg.) (1998): Lese Ecke, Band 2-4. Berlin/Düsseldorf: Volk und Wissen/Kamp.

Dahrendorf, M., Dransfeld, F., Bödeker, E. & Rülcker, T. (Hrsg.) (1998): Bunte Lesefolgen, Band 2-4. Berlin: Cornelsen.

Dransfeld, E., Dransfeld, F., Schaub, H. & Schulz, G. (Hrsg.) (1998): Jo-Jo – Lesebuch für die Grundschule, Band 2-4. Berlin: Cornelsen.

Egger, Mayer & Pacolt (Hrsg.) (1998): Bei uns und anderswo, Band 2-4. Wien: Volk und Jugend.
Hecker, B., Kittler, U., Munzel, F., Veit, B. & Wülfrath-Wiedenmann, I. (Hrsg.) (1998): Leseleiter, Band 2-4. Berlin/Düsseldorf: Volk und Wissen/ Kamp.
Kretschmer, Ch.(Hrsg.) (1998): Lesereise, Band 1-4. Berlin/Düsseldorf: Volk und Wissen/Kamp.
Lesestraße, Band 2-4 (1978-1980). München: Bayerischer Schulbuchverlag.
Lindner, K. (Hrsg.) (1998): Lesefuchs, Band 2-4. Stuttgart: Klett.
Malmquist, E. (Hrsg.) (1998): Sicher zum Lesen, Band 1-4. Stuttgart: Klett.
Menzel, W. u. a. (Hrsg.) (1996): Pusteblume, Band 2-4. Hannover: Schroedel.
Sennlaub, G. (Hrsg.) (1998): Leseschatz, Band 2-4. Berlin: Cornelsen.
Sklenitzka (Hrsg.) (1998): Lesefuchs, Band 2-4.Wien: Volk und Jugend.
Stangner, I., Braun, A., Herbst, U., Manthey, H. & Krahnepuhl, H. (1998): Bücherwurm, Band 2-4. Stuttgart: Klett.
Urbanek, R. (Hrsg.) (1998): Lies los – Differenzierende Lesetexte mit Eigenkontrolle für Klasse 1 und 2. Offenburg: Mildenberger.
Watzke, O. (Hrsg.) (1998): Auer-Lesebuch, Band 2-4. Donauwörth: Auer.
Wedel, A. v., Wespel, M. u.a. (Hrsg.) (1998): Mobile Lesebuch, Band 2-4. Braunschweig:Westermann.

Sonderschule für Lernbehinderte

Huss, A. & Merzbacher, G. (1994): Lese- und Sprachbuch, Band 1-6 (1994). Frankfurt a. M.: Diesterweg.
Klauer, K.-J. (Hrsg.) (1998): Arbeitsbuch Lesen, Band 1-4 (Neubearbeitung). Berlin: Cornelsen.
Wir wollen lesen. Ein Leselernbuch, Band 1-3 (Sonderschule). Donauwörth: Auer.

Bei Kindern, die den Erstleselehrgang erst gerade abgeschlossen haben, werden Sie vielleicht auch in Erstlesefibeln nach Texten suchen wollen. Einen guten Überblick gibt Ihnen die umfangreiche Zusammenstellung und Analyse der Fibeln und Leselernwerke von Ruth Gümbel:

Gümbel, R. (1993): Erstleseunterricht. Entwicklungen – Tendenzen – Erfahrungen (5. Aufl.). Frankfurt a. M.: Cornelsen.

Text	Anzahl der Buchstaben	Anzahl der Wörter	Anzahl der Sätze	**DWL**	**DSL**	**TTR**
Der Wandertag	603	122	17	**4,49**	**7,17**	**0,75**

Normaldruck: Rohdaten *Fettdruck: Wichtige Kennworte*

Beginn der Förderung: **Schülerin:**
Ende der Förderung: **Lehrer:**

N	Datum	Dauer in Min.	W	RW	RWM	FW	FWM	FZI ges.	FZI korr.	FZI in %	Text	Anmerkungen
1												
2												
3												
4												
5												
6												
7												
8												
9												
10												

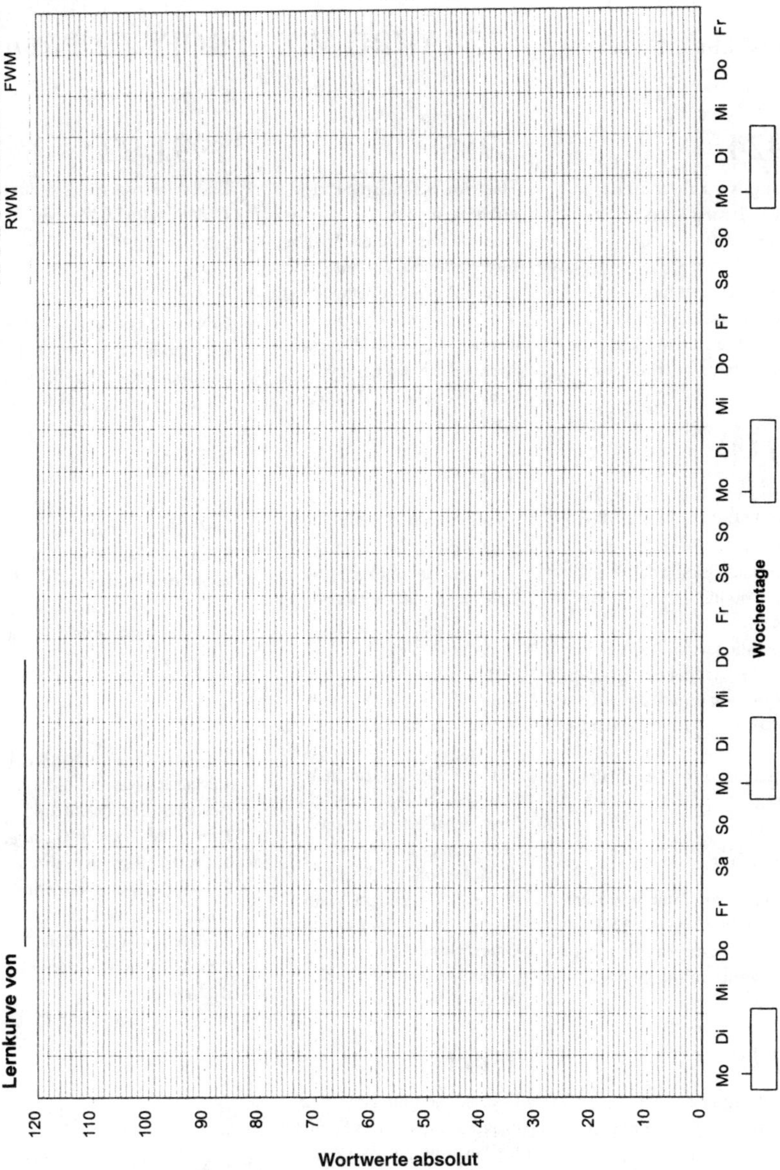
Lernkurve von
RWM
FWM
120
110
100
90
80
70
60
50
40
30
20
10
0
Wortwerte absolut
Mo Di Mi Do Fr Sa So Mo Di Mi Do Fr Sa So Mo Di Mi Do Fr Sa So Mo Di Mi Do Fr
Wochentage

LUCHTERHAND – 75 JAHRE VON PROFI ZU PROFI

1924

Verlags-Gründung in Berlin durch Hermann Luchterhand (1886–1950).

Erste Verlagserzeugnisse: Steuerinformationen und Formblätter. Entwicklung des Loseblattwerks „Handbuch für das Lohnbüro".

1934

Eintritt von Eduard Reifferscheid (1899–1992) als Prokurist in den Verlag, später Mehrheitsgesellschafter und Geschäftsführer.

Allmählicher Aufbau des juristischen Fachbuchprogramms. Edition von ergänzbaren Loseblattwerken aus verschiedenen Rechtsgebieten und Einzeldarstellungen zum Wirtschaftsrecht.

1945

Nach Ausbombung von Verlag und Druckerei 1943/44 beginnt Eduard Reifferscheid im Sommer mit dem Wiederaufbau.

1948

Eröffnung einer Zweigniederlassung am heutigen Hauptsitz Neuwied/Rhein.

Konsequente Entwicklung von Loseblattwerken, Büchern und Zeitschriften in zahlreichen Rechtsgebieten.

1955

Start des Belletristik-Programms, u. a. mit Werken von Günter Grass, Peter Härtling, Eugène Ionesco, Georg Lukás, Anna Seghers, Christa Wolf und den Nobelpreisträgern Miguel A. Asturias, Alexander Solschenizyn, Pablo Neruda und Claude Simon.

1972

Erweiterung der Programmpalette durch „Alternativ kommentare" und zahlreiche juristische Fachzeitschriften.

1987/88

Verkauf des Luchterhand Verlags an den holländischen Verlagskonzern Kluwer NV. Verkauf des literarischen Verlagsteils und Integration juristischer Kleinverlage in den Luchterhand Verlag, dadurch Gründung einer Niederlassung in Frankfurt/Main. Seitdem ist Luchterhand ein Unternehmen der Verlagsgruppe Wolters Kluwer, Amsterdam.

1991

Übernahme pädagogischer Programmteile vom Berliner Verlag Volk und Wissen. Gründung der Berliner Niederlassung.
Verlegung der Niederlassung Frankfurt/Main nach Kriftel (Taunus).

1991/92

Erste elektronische Produkte, Disketten und CD-ROM.

1994

Erwerb des auf Architektur, Bautechnik, Bauwirtschaft und Baurecht spezialisierten Werner Verlags, Düsseldorf.

1998

Erwerb des Fachverlages Deutscher Wirtschaftsdienst, Köln, mit den Programmschwerpunkten Außenwirtschaft, Wirtschaftsförderung, Personalmanagement sowie Informationstechnologie.

1999

Der Hermann Luchterhand Verlag feiert sein 75jähriges Bestehen. Insgesamt sind 1.500 Titel – als Buch, Loseblattwerk, Tabelle, Formular, CD-ROM/Diskette sowie rund 30 Fachzeitschriften – zu den Schwerpunkten Recht, Wirtschaft, Steuern, Bildung, Erziehung und Soziale Arbeit lieferbar.